普通高等教育经管类专业系列教材

企业经营沙盘模拟实训手册
(第4版)

金 环 刘 平 主 编
陈玉新 张赢盈 孙 增 副主编

姓　　名：_____
班　　级：_____
学　　号：_____
组　　别：_____
组　　名：_____
角　　色：_____
指导教师：_____
实训时间：_____

清华大学出版社
北　京

内 容 简 介

本书从企业经营沙盘模拟实践教学的需求出发,坚持科学性、应用性与先进性的统一,坚持理论与实践相结合,内容共分三篇:第一篇阐述了实训的意义、目的和任务,帮助读者了解企业现状及运营规则等;第二篇为实训操作指引和分角色操作过程记录;第三篇为实训报告记录及撰写实训报告。

本书具有"精""准""新""活""实"等显著特点,即:理论部分力求简洁、精练、好读、易记,便于理解;准确阐明企业经营沙盘模拟的理念和规则,务求使竞赛操作规则体系全面、完整、准确;及时更新相关内容,编入大量新案例,使本书实用、系统,利于读者循序渐进地学习,具有很强的实用性。

本书既可作为大学生企业经营沙盘课程的实训教材,也可作为沙盘培训的学员用书;既适用于电子沙盘,也适用于手工沙盘。

本书封面贴有清华大学出版社防伪标签,无标签者不得销售。
版权所有,侵权必究。举报:010-62782989,beiqinquan@tup.tsinghua.edu.cn。

图书在版编目(CIP)数据

企业经营沙盘模拟实训手册/金环,刘平主编. —4版. —北京:清华大学出版社,2022.1(2024.10重印)
普通高等教育经管类专业系列教材
ISBN 978-7-302-59694-3

Ⅰ. ①企… Ⅱ. ①金… ②刘… Ⅲ. ①计算机应用—企业经营管理—手册 Ⅳ. ①F270.7-62

中国版本图书馆CIP数据核字(2021)第255592号

责任编辑:刘金喜
封面设计:范惠英
版式设计:孔祥峰
责任校对:马遥遥
责任印制:刘海龙

出版发行:清华大学出版社
    网　　址:https://www.tup.com.cn,https://www.wqxuetang.com
    地　　址:北京清华大学学研大厦A座　　邮　编:100084
    社 总 机:010-83470000　　邮　购:010-62786544
    投稿与读者服务:010-62776969,c-service@tup.tsinghua.edu.cn
    质 量 反 馈:010-62772015,zhiliang@tup.tsinghua.edu.cn
印 装 者:大厂回族自治县彩虹印刷有限公司
经　　销:全国新华书店
开　　本:185mm×260mm　　印　张:14　　字　数:323千字
版　　次:2010年5月第1版　　2022年1月第4版　　印　次:2024年10月第4次印刷
定　　价:49.80元

产品编号:095723-01

序

21世纪是一个催人奋进的时代，科技飞速发展，知识日益更新，机遇和挑战随时随地都可能出现在每一个人的身边。抓住机遇，寻求发展，迎接挑战，适应变化的制胜法宝就是不断地学习新的知识。

企业经营沙盘模拟实训教程是相关研究人员在深入了解企业生产经营过程的基础上，经过3年的时间研究出来的一种生动有趣的教学方式。企业经营沙盘模拟课程是在充分调研了ERP培训市场需求的基础上，汲取了国内外咨询公司、培训机构的管理训练课程精髓而设计的企业经营管理实训课程，问世以来以其体验式教学方法获得受训者的广泛认可。该课程摒弃了传统的以理论和案例分析为主的方式，通过一种全新的视觉和感官冲击进行真实的模拟沙盘学习，极大地增强了娱乐性，并使枯燥的课程变得生动、有趣，通过近乎真实的商场模拟，充分调动参与者的竞争热情，在培养应用型人才方面，越来越显示出其独特的作用，主要体现如下。

(1) 企业经营沙盘模拟有助于在实践中指导理论学习。该方法改变了传统的教学方法，解决了学生只能被动接受知识，而无法主动参与的问题，更重要的是培养了学生将理论知识与企业实际运作紧密联系的能力和发现问题、分析问题、解决问题、进行科学决策的能力。通过学习ERP理论和模拟企业的实际运作，使学生能够理解ERP的管理理念和核心管理思想，达到学以致用的目的，也使学生的知识储备更加牢固、丰富，为以后的工作打下坚实的基础。

(2) 企业经营沙盘模拟有助于节约成本。该方法为学生提供了一个平台，学生依据所掌握的理论知识，能够亲身体验如何运用所学创造财富，在成功中获得创造财富的喜悦，在失败中获得深刻的经验教训。这些都将为以后的实际工作提供宝贵的实践经验，避免在实际工作中造成损失。另外，企业经营要有创新意识，及时把握产品的生命周期，要不断有新产品补充市场；企业经营还要有全局战略规划，如果没有好的战略规划，即使企业有很充足的现金流，经营也是混乱的，必须有长远计划，并做好准备才能节约各项成本。

(3) 企业经营沙盘模拟有助于培养学生的团队协作精神。当今社会任何工作都需要整体配合才能较好地完成。在模拟实训中需要每一个参与的学生以主人的身份，全身心地投入所扮演的角色中，不但要解决好自己扮演的角色所承担的职责，还要与其他人协调配合，完成整个模拟任务。通过企业经营沙盘模拟，可以使学生深刻地感受一个企业团队精神的重要性。

刘平老师以自己深厚的学识及丰富的教学实践经验主编的《企业经营沙盘模拟实训手册》一书是"企业经营沙盘模拟"教学推广与学术建设的重要资料。感谢刘平老师的工作，此书将为广大学生了解、掌握企业经营沙盘模拟方法提供有效的途径。

当代大学生是时代的主流，必须掌握最先进的科学技术，担当起促进国家经济快速发展的重任。在经济全球化的时代，经济上的竞争无疑十分激烈，但经济发展的最根本目的是为绝大多数人民的利益，千万不要忘记"以人为本"，离开这一点，发展、赚钱都是不可取的。相信此书一定能在大学生成长、成才的人生道路上起到良好的引导作用。

刘文波　教授

沈阳工学院常务副院长

第4版 前言

《企业经营沙盘模拟实训手册(第3版)》自2018年4月出版以来,在3年多时间里已经多次重印,受到众多高等院校、培训机构与企业的重视,并被采用。作为一个新生事物,企业经营沙盘模拟教学近年来发展很快,不仅为众多高等院校所采用,也成为众多企业选择的有效的内训方法。

目前,世界已经进入大数据时代!自2014年"大数据"首次出现在我国的政府工作报告中以来,"大数据"已经连续7年进入国务院政府工作报告中,上升为国家战略。大数据概念也逐渐在国内成为热议的词汇。2015年国务院正式印发《促进大数据发展行动纲要》,2016年国家出台的《大数据产业发展规划(2016—2020)》中指出,数据是国家基础性战略资源,是21世纪的"钻石矿"。吕本富在《飞轮效应:数据驱动的企业》中指出,数据是企业发展的基础设施和"核"武器。数据资源成为企业发展的新型动力源,数据分析系统是企业腾飞的动力系统,决定了企业运行的速度与高度。

2021年3月通过的《中华人民共和国国民经济和社会发展第十四个五年规划和2035年远景目标纲要》中明确提出加快数字化发展,建设数字中国,并指出迎接数字时代,激活数据要素潜能,推进网络强国建设,加快建设数字经济、数字社会、数字政府,以数字化转型整体驱动生产方式、生活方式和治理方式变革,以及构筑美好数字生活新图景。

2021年10月18日,中共中央政治局就推动我国数字经济健康发展进行第三十四次集体学习。习近平总书记强调,发展数字经济是把握新一轮科技革命和产业变革新机遇的战略选择。充分发挥海量数据和丰富应用场景优势,促进数字技术与实体经济深度融合,赋能传统产业转型升级,催生新产业、新业态、新模式,不断做强、做优、做大我国数字经济。

大数据时代,呼唤大数据人才!基于ERP(Enterprise Resource Planning,企业资源计划)技术诞生并不断发展的企业经营沙盘模拟系统恰好契合了这种要求,对于培养学生的数据意识和数据分析能力大有裨益。

在此发展进程中,涌现出了以用友新道、金蝶软件等为代表的众多企业,纷纷推出了企业经营沙盘模拟系统应用于高校教学和企业培训,并且不断更新升级。例如,用友新道由最初的物理沙盘,到创业者电子沙盘,再到新商战电子沙盘,最新又推出了约创云平台电子沙盘,本次修订即是在此背景下进行的。

为了适应沙盘大赛在全国如火如荼展开的新形势,将课内实践与沙盘大赛进行了有机的结合,这样的整合必将使企业经营沙盘模拟这一继传统式教学和案例式教学之后深受学生欢迎的体验式教学方法达到一个新的高度和新的阶段。本次修订遵循"立足实践教学,兼顾大赛需要"的原则,主要修改和充实的内容体现在以下方面。

(1) 用友新道新推出了"约创"云平台用于大赛,但是各校教学中普遍使用的仍是用友ERP企业经营沙盘模拟系统(物理沙盘)、新道创业者企业模拟经营系统或新商战电子沙盘。为了不影响原体系的系统性,特在本书第一篇单独增加了一节"1.6'约创'云平台操作指导",供需要者使用。

(2) 为了节省篇幅,此次修订删除了不常用的原"1.7.2 七组竞赛市场预测"至"1.7.6 十一组竞赛市场预测",保留了常用的"1.7.1 六组竞赛市场预测"和"1.7.7 十二组竞赛市场预测"。

(3) 考虑大赛已采用"约创"云平台,同时为了节省篇幅,在附录中使用最新的基于"约创"云平台的第十七届全国大学生创新创业沙盘模拟经营大赛(辽宁省区)暨2021年辽宁省普通高等学校本科大学生创业企业经营模拟沙盘大赛技术手册替换了原来的附录1至附录3,即2016年第十二届全国大学生"新道杯"沙盘模拟经营大赛(本科组)全国总决赛竞赛规则、2012年第八届全国大学生"用友杯"沙盘模拟经营大赛全国总决赛经营规则、2011年第八届全国大学生"用友杯"沙盘模拟经营大赛辽宁赛区决赛规则。

其余修订内容就不一一赘述了。

本书PPT教学课件可通过http://www.tupwk.com.cn/downpage下载。

本次修订由沈阳工学院金环和刘平教授担任主编,辽宁石油化工大学陈玉新、沈阳工学院张赢盈和孙增担任副主编,沈阳工学院石佳鹭、吕葳、张超、钟育秀、窦乐参与了修订工作;同时吸收了读者的一些宝贵意见和建议。

由于作者学识、水平有限,疏漏之处在所难免,敬请广大读者批评指正,我们将在修订或重印时将大家反馈的意见和建议恰当地体现出来。再次感谢广大读者的厚爱!

编　者
2021年9月于沈抚改革创新示范区

第3版 前言

《企业经营沙盘模拟实训手册(第2版)》自2015年1月出版以来，在3年时间里已经多次重印，受到众多高等院校、培训机构与企业的广泛重视和采用。

本次修订仍遵循"立足实践教学，兼顾大赛需要"的原则，主要修改和充实的内容体现在以下方面。

(1) 在导入篇对"1.3 模拟企业运营规则"的内容进行了部分修订。

(2) 在总结篇的"3.2 对经营规划的再思考"中增加了"知识链接1：企业经营分析——基于企业战略的视角""知识链接2：企业经营分析——基于企业营销的视角"和"知识链接3：企业经营分析——基于企业运营的视角"。

(3) 用2016年第十二届全国大学生"新道杯"沙盘模拟经营大赛(本科组)全国总决赛竞赛规则及2016年第十二届全国大学生"新道杯"创业企业经营模拟沙盘大赛辽宁省总决赛操作要点替换了2014年第十届"用友新道杯"全国大学生沙盘模拟经营大赛(本科组)全国总决赛规则。因为在2011年的规则上标注了与2010年规则和2009年规则的主要变化，并在2011年大赛规则后增加了大赛规则变化简评，在2012年大赛规则后增加了2012年大赛平台与规则点评，所以保留了2012年第八届全国大学生"用友杯"沙盘模拟经营大赛全国总决赛经营规则和2011年第七届全国大学生"用友杯"沙盘模拟经营大赛辽宁赛区决赛规则。

其余修订内容就不一一赘述了。

本次修订由沈阳工学院刘平教授主持，鞍山师范学院安甜甜、山西大学商务学院翟卫东、辽宁工程技术大学许可、辽宁对外经贸学院高碧聪、南宁学院李晓芬担任副主编，辽宁石油化工大学陈玉新、沈阳理工大学张海玉、沈阳工学院钟育秀和窦乐、南宁学院黄琦参与了修订工作；同时吸收了读者的一些宝贵意见和建议。由于作者学识、水平有限，疏漏之处在所难免，敬请广大读者批评指正，我们将在修订或重印时将大家反馈的意见和建议恰当地体现出来。再次感谢广大读者的厚爱！

刘 平

2017年11月

第2版 前言

《企业经营沙盘模拟实训手册》自2010年5月出版以来，受到众多高等院校、培训机构及企业的广泛重视和采用。作为一个新生事物，企业经营沙盘模拟教学近年来发展很快，不仅为众多高等院校所采用，也成为众多企业选择的有效的实践教学方法。

此次修订是为了适应沙盘大赛在全国如火如荼展开的新形势，将课内实践与沙盘大赛进行了有机的结合，这样的整合必将企业经营沙盘模拟这一继传统式教学和案例式教学之后深受学生欢迎的体验式教学方法推向一个新的高度和新的阶段。本次修订遵循"立足实践教学，兼顾大赛需要"的原则，主要修改和充实的内容体现在以下方面。

(1) 在导入篇的规则介绍部分，关于生产线的购买价格、安装周期及转产周期、转产费用、折旧与出售等；产品研发周期与费用；应收款贴现率等规则增补了传统手工沙盘的原定规则，供有需要的学校选用。同时增加了平均年限法折旧表。

(2) 在第二篇增加了编制生产计划和投资计划的内容；在第三篇增加了第五届"用友杯"全国大学生创业设计暨沙盘模拟经营大赛全国总决赛冠军案例，同时在3.1节的受训者日常记录中增加了6年分年度小结的表格。

(3) 用最新的入赛规则和近年来典型规则替换了原来的两个附录：即刚刚结束的2014年第十届"用友新道杯"全国大学生沙盘模拟经营大赛(本科组)全国总决赛规则、2012年第八届全国大学生"用友杯"沙盘模拟经营大赛全国总决赛经营规则和2011年第七届全国大学生"用友杯"沙盘模拟经营大赛辽宁赛区决赛规则，并在2011年的规则上标注了与2010年规则和2009年规则的主要变化。在2011年大赛规则后增加了大赛规则变化简评，在2012年大赛规则后增加了2012年大赛平台与规则点评。

(4) 为了进一步节约篇幅，将原书后的阅读材料1"全面认识战略和战略决策"和阅读材料2"跑马圈地、以快制胜的误区——极度扩张理论与现实的悖论"与原来网上提供的三篇阅读文章一起以电子版的形式在清华大学出版社网站上提供。原来的两个附录，即2008年"用友杯"沙盘大赛辽宁赛区决赛规则和2009年第五届"用友杯"全国大学生创业设计暨沙盘模拟经营大赛辽宁赛区决赛规则也一并移至网上，与五篇阅读文章一起供读者下载阅读。

本次修订由沈阳工学院刘平教授担任主编，鞍山师范学院安甜甜、沈阳理工大学詹艳艳担任副主编，同时吸收了读者的一些宝贵意见和建议。2014年第十届"用友新道杯"全国大学生沙盘模拟经营大赛(本科组)全国总决赛一等奖指导教师、岭南师范学院陈智松老师提供了部分资料。由于作者学识、水平有限，疏漏之处在所难免，敬请广大读者批评指正，我们将在修订或重印时将大家反馈的意见和建议恰当地体现出来。再次感谢广大读者的厚爱！

刘　平

2014 年 8 月

第1版 前言

　　对于沙盘，其实我们并不陌生。在电视中，我们经常可以见到叱咤风云、挥斥方遒的将军在沙盘前面指挥千军万马，胜负在弹指挥手间。在日常生活中，房地产开发商在制作小区规划时布局沙盘以利于房屋销售。这些沙盘都清晰地模拟了真实的地形、地貌或小区格局，不必让其所服务的对象亲临现场，也能对所关注的位置了然于胸，更可以从宏观的角度全面地审视所处的环境局面，从而运筹帷幄，决胜千里。如此，不一而足。

　　企业经营沙盘模拟，就是利用类似上述的沙盘理念，采用现代管理技术手段——ERP(Enterprise Resource Planning，企业资源计划)来实现企业真实经营的模拟，使学生在模拟企业经营中得到启发、锻炼和提高。企业资源包括厂房、设备、物料、资金、人员，甚至还包括企业上游的供应商和下游的客户等。企业资源计划的实质就是如何在资源有限的情况下，合理组织生产经营活动，降低经营成本，提高经营效率，提升竞争能力，力求利润最大化。因此可以说，企业的生产经营过程也是对企业资源的管理过程。

　　模拟说明了我们面对的不是一个真实的企业对象，而是具备了真实对象所拥有的主要特征的模拟对象。用友ERP企业经营沙盘模拟实训课程就是针对一个模拟企业，把该模拟企业运营的关键环节(战略规划、资金筹集、市场营销、产品研发、生产组织、物资采购、设备投资与改造、财务核算与管理等部分)设计为该实训课程的主体内容，把企业运营所处的内外部环境抽象为一系列的规则，由受训者组成若干个相互竞争的模拟企业，每个受训者在模拟企业中都担任着一定的角色，如CEO(首席执行官)、COO(首席运营官)、CFO(首席财务官)、营销总监、生产总监、采购总监、人力资源总监等，通过模拟企业若干年(一般是6～7年)的经营对抗(竞赛)，使受训者在分析市场、制定战略、营销策划、组织生产、财务管理和人员考核等一系列活动中参悟科学管理规律，提升管理能力，并深刻体会理论联系实际的重要性，对低年级学生起到激发学习兴趣的作用，使高年级学生达到学以致用的目的。

　　企业经营沙盘模拟实训课程具有科学、简洁、实用、趣味等显著特点，并以体验式教学方式成为继传统式教学和案例式教学之后深受学生欢迎的又一典型实用的教学方法。该实训课程可以强化受训者的管理知识，训练管理技能，全面提高受训者的综合素质。其融合理论与实践于一体，集角色扮演与岗位体验于一身的设计思路新颖独到，使受训者在参与、体验中完成从知识到技能的一次转化，在操盘后的总结交流中再完成从实践到理论的二次升华。

　　为此，在我校购买的用友ERP沙盘模拟系统及所提供材料的基础上，参考了王新玲、柯明、耿锡润编著的《ERP沙盘模拟学习指导书》和王新玲、杨宝刚、柯明编著的《ERP沙盘模拟高级指导教程》等相关书籍，并结合了我们多轮指导学生实训的实际情况编著了《用友ERP企业经营沙盘模拟实训手册》。

在用友教育培训部门的支持和鼓励下，本实训手册是在参考了我们针对手工沙盘编写的《用友ERP企业经营沙盘模拟实训手册(第2版)》的基础上，结合我们多轮指导学生参与"用友杯"全国大学生创业设计暨沙盘模拟经营大赛的体会，依托用友在手工沙盘后推出的电子沙盘(全称"用友创业者企业模拟经营系统")，同时兼顾手工沙盘，并依最新大赛规则对手工沙盘的规则和表格进行必要的修订而编写成的，供学生在实训中使用并留存。

相对之前版本，本书的变化主要表现在：①增加了电子沙盘操作的内容；②依据最新大赛规则，对部分理论和规则的描述进行了必要的修订、充实和完善；③增加了大量的实训和大赛中的案例，并增加了2008年和2009年大赛规则两个附件；④依据新规则对各相关表格进行了重新设计和必要的调整；⑤新增加了6份市场预测报告，使市场预测由原先的1份增至7份。

目前，关于ERP企业经营沙盘模拟学习指导的书是有一些，但绝大多数比较适合教师使用，专为学生所用的书还鲜有所见。作者认为，教师用书与学生用书的主要区别在于：教师用书理论部分需要比较全面和深入的论述，以利于教师能够真正掌握其精华与实质，便于在实践中指导学生，而操作表格的部分相对比较简洁；学生用书正好相反，理论和规则的部分力求简洁，只要够用就行，多了学生反而不会去看，而操作表格的部分则具体丰富，每个角色都有与实际相结合的专业表格，便于学生填写记录。

本实训手册分为如下三大部分。

第一篇导入篇，是在指导教师的讲解下，认识什么是ERP企业经营沙盘模拟，了解所要接手经营的企业现状，在老师的指导下进行沙盘盘面的初始设定，掌握模拟竞赛的市场规则和企业运营规则，并在指导教师的带领下进行初始年的运行和电子沙盘的操作，以掌握企业运营流程。在进行初始年运行时，各角色可翻到操作篇的相关部分跟随操作。

第二篇操作篇，是为受训者6年的经营竞赛而准备的，分为CEO、COO、CFO、营销总监、生产总监、采购总监和人力资源总监等部分，供不同角色的受训者使用。在受训者开始第一年的运行前，一定要认真阅读第二篇的开篇语，这对有效运营非常重要。

第三篇总结篇，主要是为受训者总结交流而准备，以达到最大提升的目的。本篇分为日常记录、受训者总结、经营竞赛交流、指导教师点评与分析及阅读文章等部分。为了引发受训者的思考，提升总结交流的水平和效果，本篇特编进5篇阅读文章，其中2篇直接印在本书中，其余3篇以电子版形式在网上免费提供，分别从正确认识战略与战略决策、如何思考一个成长型公司的战略决策、企业发展快与慢的辩证关系、多元化的误区和重视制定战略的方法论等角度阐述了公司战略选择、经营方略与竞争策略等问题，供参训者总结提高时参考。

本实训手册将通常实训所用的实训任务书、实训指导书和实训报告书"三册合一"。在第一篇导入篇的"1.0 开篇语"和"1.1 认识企业经营沙盘模拟"中阐述了本实训的意义、目的和任务；第二篇为实训操作指引和分角色操作过程记录；第三篇为实训报告记录及为撰写实训报告做指引。以第一篇为主，全书均为实训指导的具体内容。

第1版前言

本实训手册是多校合作和校企合作的结晶，由刘平教授起草大纲并担任主编，李坚、刘兆军、蔡永鸿担任副主编。李坚参与了第一篇 1.3、1.4、1.7 和第三篇 3.0~3.6 的编写；刘兆军参与了第一篇 1.0~1.2 和第二篇 2.3~2.7 的编写；蔡永鸿参与了第一篇 1.5、1.6 和第二篇 2.3~2.7 的编写；盛明辉参与了第二篇 2.0~2.2 的编写并提供了 3.7 的文章。最后，由刘平教授通读全书，并做了适当修改。

本实训手册的编写得到了学校领导与各位老师的积极支持和密切配合，刘文波教授特为此书作序，在此一并表示衷心的感谢！同时，还要感谢用友公司，特别是王新玲女士对我们提供的支持与帮助！本实训手册的编写也参阅了有关的文献资料及用友公司提供的原始表格，在此向原作者表示诚挚的谢意！

写书和出书在某种程度上来说也是一种"遗憾"的事情。由于种种缘由，每每在书稿完成之后，总能发现有缺憾之处，本书也不例外。诚恳希望读者在阅读本书的过程中，指出存在的缺点和错误，并提出宝贵的指导意见，这是对编者的最高奖赏和鼓励。我们将在修订或重印时，将大家反馈的意见和建议恰当地体现出来。在此谢谢广大读者的厚爱！

刘 平

2010 年 1 月

作者简介

刘平，沈阳工学院经济与管理学院教授，历任金融保险专业带头人、工商管理专业带头人、经济与管理学院副院长、信息与控制学院院长、院学术委员会主任、创新创业学院院长兼大学生创新创业中心主任、社会职务中国未来研究会理事、专家委员会委员、创新创业研究分会会长、中国保险与保障研究中心主任、中国自动识别技术协会常务理事、辽宁省自动识别产业技术创新战略联盟秘书长、辽宁省大学生创新创业基地协作体副理事长、辽宁省教育厅创新创业项目评审专家；拥有清华大学和美国哥伦比亚大学双硕士学位，熟悉中外管理理论，并富有从基层到高层的管理实践经验。

近年来主持"大学生创业教育通俗读本""应用型本科院校大学生创新创业课程体系建设研究与实践""理工科专业适应大学生就业与企业职业化选择的职业素养课程体系研究与实践""提高辽宁高校大学生就业能力的对策研究——基于课程体系建设""跨学科复合型应用人才培养模式研究"" '满足学生就业、升学、个性化发展'的分类培养、分级教学的多元化人才培养模式探索与实践"等省社会科学规划基金项目、省教育厅教改立项、省教育科学"十二五"规划课题十余项，曾经主持承担国家级火炬计划项目"热转式条码印制机及条码打印机"，以及国家级重点科技攻关项目"金融终端系统和支付工具"，是2011年省级综合改革试点专业、2013年国家级综合改革试点专业联合负责人和项目执行人，2010年省级精品课程负责人，2011年省级优秀教学团队带头人，2013年省级实验教学示范中心建设项目负责人，2014年入选省级专业带头人，2015年省级大学生创新创业实践教育基地负责人，2016年省级大学生创业孵化示范基地负责人，2016年省级创客空间负责人，2017年教育部第一批产学合作协同育人项目"依托'东软创业+'构建应用型本科院校创新创业教育新模式"负责人，2020年省级一流专业负责人。

获得多项省部级成果奖，其中"适应学生个性化发展需求的多元化人才培养模式构建"获辽宁省教学成果二等奖(排名第一)、"借力国际品牌、深化校企融合、立足学以致用、培养应用型卓越工程人才"获辽宁省普通高等教育本科教学成果二等奖(排名第二)、"民生中的若干问题"获辽宁省第三届哲学社会科学优秀成果一等奖(排名第二)、"以需求为导向培养技术应用型人才"获辽宁省教育科学"十一五"规划优秀成果三等奖(排名第一)、"条码技术产品"获部级科技进步一等奖(主要参与者)。

在高等教育出版社、机械工业出版社、电子工业出版社、清华大学出版社等国家一级出版社作为第一作者出版《西方经济学概论(第2版)》《微观经济学》《企业战略管理(项目教学版)》《中教景程模拟企业经营(沙盘对抗)实训手册》《金蝶企业经营沙盘模拟实训(第3版)》《职业生涯导入与大学学习生活》《大学生就业与创业指导(第2版)》《创业攻略：成功创业之路》《保险学概论》《创业学：理论与实践》《用友ERP企业经营沙盘模拟实训(第6版)》等十几部著作和教材，其中《创业攻略：成功创业之路》获辽宁省学术成果奖著作类二等奖、《保险学概论》获辽宁省人力资源和社会保障科学研究成果二等奖、《创业学：理论与实践》入选辽宁省首批"十二五"规划教材，目前已更新出版第3版；省级精品课教材《企业战略管理(项目教学版)》入选辽宁省第二批"十二五"规划教材，目前也已更新出版第3版；《用友ERP企业经营沙盘模拟实训(第6版)》等已成为畅销书。

在《现代经济探讨》《江西财经大学学报》《企业管理》《中外管理》《销售与市场》《光明日报》《中国教育报·高等教育》等核心期刊和国家期刊奖百种重点期刊发表文章30余万字，其中《高成长企业的长赢基因》《再看破坏性创新》《中国需要什么样的软件人才》《如何成为标准的创造者》等多篇文章被广泛转载，其中3篇文章被人大报刊复印资料全文转载。

主要研究方向：创业理论与实务、企业发展战略、电子信息工程。

读者感言

感　受

(052023-10　宋爽)

这次是我们专业第二次进行企业经营沙盘模拟实训。与上次不同的是，我们多了一本学生用的实训手册。

有了实训手册，我们更详尽地了解了沙盘实训的规则，每个人都知道了市场的需求、产品的价格、生产线的利用等情况。这样，大家就能更好地参与到实训中，并从中获得更多的知识。

在手册中，每个职位都有详细的介绍，大家会明了自己的职责，并且每个职务需要填写的表也都罗列了出来。这样，不仅能更好地各司其职，高效地完成自己的任务，还能系统地了解企业的运行流程。

在前两篇的介绍中，我们学会了很多技巧，如打广告费怎样打不会损失、接订单时怎样避免让竞争对手多接、转产时转哪种生产线损失最少等。很多战略战术会让我们更加全面地分析实训的状况，从而学到更多的知识与经验。

有了这本实训手册，我们会了解沙盘的真谛，更深刻地了解企业经营模式，并从中获得实践性的专业知识。

拥有沙盘模拟实训手册的好处

(052023-06　刘艳)

持续两天的ERP沙盘模拟实训结束了，这已经是我们第二次接触ERP沙盘模拟了，真是意犹未尽，希望能再次参加ERP沙盘实训。这次的实训使我明白了许多有关ERP沙盘模拟的知识，这要感谢老师的细心指导及大家的积极参与和配合，还要感谢一直帮助我们的《企业经营沙盘模拟实训手册》，它使我们对ERP沙盘有了更深的了解，正如书中所说，只有懂得规则，才能游刃有余。手册中还详细介绍了每个角色的任务，使我们在实训前能做一些相关准备，明白自己所扮演角色在企业中的重要性及作用。其实，它的好处很多，在此就不详细说明了，但对于我这样对沙盘极其感兴趣的人来说，它更具有纪念意义。因为以后再见到它时会勾起我的很多回忆，也能让我想起很多经验与教训，想起自己大学期间对企业经营的渴望。总之，我会珍藏《企业经营沙盘模拟实训手册》。在此，我要再次感谢辛苦的老师，更希望以后有更多的机会接触 ERP 沙盘。

关于用友 ERP 实训手册

(052024-04　朱振)

实习 ERP 两次，收获很多，感受也不同。作为工商管理专业的学生，我深知 ERP 运作对我们将来工作的重要性。

第一次实习，仓促上阵，什么也不懂，规则也不是很清晰，头脑也很乱，在还没回过神时，实习结束了。因此，我留下了很多遗憾。

第二次实习，我感受到很大的变化，我已经知道了规则。首先，在实训手册上，我可以知道具体流程，甚至是财务预算及资产计算。两次同为 CEO 的我，在上一次实习中对财务一职完全陌生，直至结束。所幸，这次有实训手册，我可以很清楚财务方面的各项活动，弥补了上次实习的一大遗憾。其次，就是手册中对规则的详尽阐述，使我对 ERP 沙盘有了全新的认识与理解，并可以在正式实习之前，认真阅读，积极思考，做好充分的准备工作。

通过实训手册，我此次实习更加充实与积极，收获颇丰。

使用沙盘实训手册的感受

(052023-08　闫杰)

我们已接受了为期两天的 ERP 沙盘实训，在这次实训中，我懂得了什么是失败，什么是进步。关于进步是这一次经历带给我的，我还有一个小助手——《企业经营沙盘模拟实训手册》。

在上一次实训时，由于没有一个正式的文本规则，我们对整个流程都不是很清楚，只是知道一个大概流程，很不专业，感觉整个过程就像是"过家家"，不仅对自己的角色了解不透，对他人的角色更是模糊。在这次实训前，我认真学习了实训手册中的相关内容，明确了实训目的、内容和相关要求，确保了实训效果。

虽然，实训结果在排名上我们组排在最后，可我们得到了很多。从失败中，我们看到了什么是竞争，什么是生存，什么是超越自己。整个过程通过对手册的学习，我清楚地知道了每走一步的含义，对整个流程有了一个清晰的认识，这使我享受着整个过程。

失败算什么，我不认为我们是失败的，在失败中站起来的人才是真正的强者。

企业经营沙盘模拟实训手册的好处

(052022-10　何露丝)

第二次玩沙盘和第一次不同的是，我们多了一本《企业经营沙盘模拟实训手册》，有了明确的规范和准则，自然好处是非常大的。在此，我谈一谈自己的看法。

既然是模拟竞赛，就一定要有竞赛规则，而这本手册最大的用途就是将规则更明确、更细致地描述出来，指导竞赛顺利进行。虽玩过一次，但我们不敢保证所有规则都能掌握在心，倒背如流，如生产线的开发需要多久、多少资金及残值是多少，以及每条生产线的转产期和转产费用，诸如此类的事我们未必能够熟记在心，达到张口就来的程度。翻一翻手册，一目了然，有利于资金预算和整个企业的战略制定。另外，对于容易模糊和出错的细节，以及容易作弊之处更需要规则作规范，从而使竞赛更加公平、公正、公开，达到教学目的。

人手一本手册，有效避免了"事不关己，高高挂起"现象的发生。企业经营沙盘实训实际上是一个团队合作的项目，需要沟通与合作，即需要每个人在熟知自己职责的基础上还要更多地了解组内其他角色职责的相关事务，特别对于CEO来说，熟知每个职务分工的内容，如财务总监记账项目等，更有利于总体战略的制定。

此外，每个职务都需要填写分内职务的相关表格，使每一个程序更加规范化，提高操作速度和效率，使每一项工作都有计划性，也加深了我们对"企业战略管理"课程的理解，真正把理论与实践相结合。

手册上增加的人力资源总监的角色很有必要，有利于监控组内每个成员的态度和绩效。同时，对团队名称、企业目标、使命、愿景填写的硬性要求更有利于增强临时团队的凝聚力与目标性，达到实训效果。

总而言之，实训手册堪称沙盘操作的必备品！

目录

第一篇　导入篇 1
1.0　开篇语 1
1.0.1　实训目的与任务 2
1.0.2　实训方式与时间安排 2
1.0.3　实训要求与组织管理 3
1.1　认识企业经营沙盘模拟 3
1.1.1　企业经营沙盘模拟释义 3
1.1.2　模拟企业组织架构 4
1.1.3　手工沙盘盘面与主要角色的盘面定位 6
1.1.4　用友电子沙盘简介及与手工沙盘的关系 7
1.1.5　关于企业的生存与破产 10
1.2　认识所要经营的企业 10
1.2.1　公司发展现状与股东期望 11
1.2.2　企业财务现状描述 11
1.2.3　初始状态设定 12
1.3　模拟企业运营规则 14
1.3.1　市场划分与市场准入 14
1.3.2　销售会议与订单争取 15
1.3.3　厂房的购买、租赁与出售 18
1.3.4　生产线的购买、转产与维护、出售 18
1.3.5　产品的生产与原材料的采购 20
1.3.6　产品研发 20
1.3.7　市场开发和 ISO 认证 21
1.3.8　融资贷款与资金贴现 22

1.3.9　紧急采购 23
1.3.10　综合费用与折旧、税金、利息 23
1.4　手工沙盘起始年运行 23
1.5　电子沙盘操作指南 26
1.5.1　登录系统 26
1.5.2　流程运行任务 28
1.5.3　特殊运行任务 37
1.5.4　重要参数 41
1.6　"约创"云平台操作指南 41
1.6.1　年初 42
1.6.2　年中 46
1.6.3　年末 61
1.7　操作提示 62
1.7.1　市场规则 62
1.7.2　企业运营规则 64
1.7.3　编制财务报表说明 67
1.8　市场预测报告 68
1.8.1　6 组竞赛市场预测 69
1.8.2　12 组竞赛市场预测 72

第二篇　操作篇 75
2.0　开篇语 75
2.0.1　关于运行规则 76
2.0.2　关于战略选择 76
2.0.3　关于团队协作 81
2.1　上任后的首要问题 81

		2.1.1 我们的发展战略：CEO 带领管理团队共同决定 ………… 81
		2.1.2 角色确认并宣誓就职 ……… 83
	2.2	三种典型策略介绍 …………… 84
		2.2.1 力压群雄——霸王策略 …… 84
		2.2.2 忍辱负重——越王策略 …… 85
		2.2.3 见风使舵——渔翁策略 …… 85
	2.3	企业经营过程控制/监督表 …… 87
	2.4	企业经营过程记录表(一) …… 94
	2.5	企业经营过程记录表(二) …… 121
	2.6	企业经营过程记录表(三) …… 130
	2.7	企业经营过程记录表(四) …… 139
	2.8	人力资源总监附加用表 ……… 147
第三篇	总结篇 …………………………… 149
	3.0	开篇语 ………………………… 149

3.1	受训者日常记录 ……………… 150
3.2	对经营规划的再思考 ………… 156
3.3	改进工作的思路 ……………… 160
3.4	受训者总结 …………………… 160
3.5	经营竞赛交流 ………………… 161
3.6	指导教师的点评与分析 ……… 162
3.7	参加大赛人员心得分享 ……… 163
3.8	第五届"用友杯"全国大学生创业设计暨沙盘模拟经营大赛全国总决赛冠军案例 ………… 164
3.9	阅读材料 1～5 ………………… 166

参考文献与推荐书目 ……………………… 167
附录 ………………………………………… 169

第一篇 导入篇

只有懂得规则，才能游刃有余。
只有认真对待，才能有所收获。
只有积极参与，才能分享成就。

1.0 开篇语

　　学习规则是比较枯燥的，但却是必需的，只有懂得规则才能游刃有余。在企业经营沙盘模拟实训中我们要有以下3点认识：一是要认清我们是在经营模拟企业，为运行方便将内外部环境简化为一系列规则，故与实际情况有一定差别，不可在规则上较真；二是要有争强好胜的斗志，虽然是模拟经营，切不可简单地当成游戏，要有"假戏真做"将其当作真实企业来经营的态度；三是要正确对待自己的角色，在一个企业里每个人会担当不同的角色，每个角色也都有其他角色所不可替代的作用，因此每个角色都是重要的，都值得重视和珍惜，都应该用心做好。

　　为了使本实训取得预期的效果，现将实训目的与任务、实训方式与时间安排、实训要求与组织管理等内容阐述如下。

1.0.1 实训目的与任务

(1) 了解企业与企业的组织架构。
(2) 认清沙盘模拟与真实企业之间的关系。
(3) 熟练掌握竞赛规则。
(4) 了解各角色的任务和作用。
(5) 深刻认识我们所担任角色的作用和任务。
(6) 按照企业运行流程，履行我们所担负的职责。
(7) 做好团队协作，努力争取竞赛的胜利。
(8) 做好实训总结，获得最大的收获。
(9) 对低年级学生，激发学习专业课的兴趣。
(10) 对高年级学生，学会理论联系实际，学以致用。

1.0.2 实训方式与时间安排

1. 实训方式

(1) 本实训的主要方式是将学生分成若干组(手工沙盘一般是 6 组、8 组或 12 组，普通版电子沙盘可以根据需要在 6~12 组之间设定)，组成若干个企业的管理团队，利用沙盘模拟企业经营，进行直接竞赛对抗。每个学生在模拟企业中都将担任一定的角色。

(2) 总结交流。分为模拟企业的内部总结和竞争企业之间的总结交流，这是本次实训升华的重点。

2. 时间安排

本实训主要分为 4 个阶段，各阶段建议安排如下。

第一阶段，实训动员和规则介绍。一般安排在周一上午，主要进行实训动员和介绍第一篇"导入篇"的主要内容，使学生掌握竞赛规则和企业运行流程。

第二阶段，模拟企业经营竞赛。一般从周一下午开始到周三结束，按照竞赛规则在指导教师的监控下，学生进行企业经营沙盘模拟若干年(一般是 6 年)的企业经营竞赛。

第三阶段，撰写实习报告和模拟企业内部总结。一般安排在周四进行，由每个学生按照实训总结报告的要求撰写报告，并进行模拟企业内部的总结。

第四阶段，实训总结与交流。一般安排在周五上午进行，由各模拟企业派代表做主旨发言，总结模拟企业经营的成败得失，指导教师做必要的点评与指引，允许并鼓励个别学生发言，谈一谈感受和体验。

以上为参考时间安排，具体时间以指导教师公布的时间为准。

1.0.3　实训要求与组织管理

1. 实训要求

(1) 每个学生参与所有的实训流程，并承担一个具体的工作岗位。

(2) 实训前要认真学习本实训手册的相关内容，明确实训目的、内容和相关要求，确保实训效果。

(3) 在实训过程中，要树立端正的实训态度和良好的团队精神。

(4) 在实训过程中要特别注意人身和财物的安全。

(5) 遵守实训纪律，保证按时出勤，并完成相关任务；遵守国家法律法规，遵守实训教室的相关规定，听从安排。

(6) 做好实训记录，记好实训日记，为撰写实训报告做好准备工作。

(7) 认真撰写个人实训报告和模拟企业实训报告，字数分别不少于 3000 字和 4000 字。模拟企业实训报告与该模拟企业 CEO 的个人实训报告要合一。

2. 组织管理

(1) 由指导教师根据实际情况对学生进行分组。

(2) 角色分工由各团队自行协商产生。

(3) 在实训期间，各模拟企业的 CEO 管理好各自的企业人员。

1.1　认识企业经营沙盘模拟

1.1.1　企业经营沙盘模拟释义

对于沙盘，其实我们并不陌生。在电视中，我们经常可以见到叱咤风云、挥斥方遒的将军在沙盘前面指挥千军万马，胜负在弹指挥手间。在日常生活中，房地产开发商在制作小区规划时布局沙盘以利于房屋销售。如此，不一而足。这些沙盘都清晰地模拟了真实的地形、地貌或小区格局，不必让其所服务的对象亲临现场，也能对所关注的位置了然于胸；不仅如此，更可以从宏观的角度全面地审视其所处的环境局面，从而运筹帷幄，决胜千里。

企业经营沙盘模拟，就是利用类似上述的沙盘理念，采用现代管理技术手段——ERP (Enterprise Resource Planning，企业资源计划) 来实现模拟企业真实经营，使学生在模拟企业经营中得到锻炼、启发和提高。企业资源包括厂房、设备、物料、资金、人员，甚至还包括企业上游的供应商和下游的客户等。企业资源计划的实质就是如何在资源有限的情况下，合理组织生产经营活动，降低经营成本，提高经营效率，提升竞争能力，力求做到利润最大化。因此可以说，企业的生产经营过程也是对企业资源的管理过程。

模拟说明了我们面对的不是一个真实的企业对象，而是具备了真实对象所拥有的主要特征的模拟对象。用友ERP企业经营沙盘模拟实训课程就是针对一个模拟企业，把该模拟企业运营的关键环节(如战略规划、资金筹集、市场营销、产品研发、生产组织、物资采购、设备投资与改造、财务核算与管理等部分)设计为该实训课程的主体内容，把企业运营所处的内外部环境抽象为一系列的规则，由受训者组成若干个相互竞争的模拟企业，每个受训者在模拟企业中都担任着一定的角色，如 CEO(总经理)、COO(运营总监)、CFO(财务总监)、营销总监、生产总监、采购总监、人力资源总监等，通过模拟企业若干年(一般是 6～7 年)的经营对抗(竞赛)，使受训者在分析市场、制定战略、营销策划、组织生产、财务管理和人员考核等一系列活动中，参悟科学管理规律，提升管理能力，并深刻体会理论联系实际的重要性，对低年级学生起到激发学习兴趣的作用，对高年级学生起到学以致用的目的。

这是一种全新的体验式教学手段和方法，既能让受训者全面学习、掌握经济管理知识，又可以充分调动受训者学习的主动性与参与性，让受训者身临其境，真正感受一个企业经营者直面市场竞争的精彩与残酷，承担经营的风险与责任，并由此综合提升受训者经营管理的素质与能力。

1.1.2　模拟企业组织架构

任何企业在创建之初都要建立与其企业类型相适应的组织结构。组织结构是保证企业正常运转的基本条件。在 ERP 企业经营沙盘模拟实训课程中，采用了简化企业组织结构的方式，企业组织由几个主要角色代表，包括 CEO、COO、CFO、营销总监、生产总监、采购总监、人力资源总监和商业情报人员等。

1. CEO(总经理)

CEO 负责制定和实施公司总体战略与年度经营计划；建立和健全公司的管理体系与组织结构，从结构、流程、人员、激励 4 个方面着手优化管理，实现管理的新跨越；主持公司的日常经营管理工作，实现公司的经营管理目标和发展目标。现代企业的治理结构分为股东会、董事会和经理班子 3 个层次。

在"ERP 企业经营沙盘模拟"实训中，省略了股东会和董事会，企业所有的重要决策均由 CEO 带领团队成员共同决定，如果大家意见相左，则由 CEO 拍板决定。CEO 的最大职责是做出有利于企业发展的战略决策，同时 CEO 还要负责控制企业按流程运行，保障其顺利运行。另外，CEO 在实训中还要特别关注每个人是否都能胜任其岗位，尤其是一些重要岗位，如财务总监、营销总监等，若不能胜任，则要及时调整，以免影响整个企业的运行及竞赛。

2. COO(运营总监)

在实际企业中，COO 是一个重要的角色，负责组织协调企业的日常运营活动。在本实训中，COO 协助 CEO 控制企业按流程运行，起着盘面运行监督的作用。此角色为可选角色，在受训者人数较少时可不设。

3. CFO(财务总监)

在企业中，财务与会计的职能常常是分离的，他们有着不同的目标和工作内容。会计主要负责日常现金的收支管理，定期核查企业的经营状况，核算企业的经营成果，制定预算及做好对成本数据的分类和分析。财务主要负责资金的筹集、管理，做好现金预算，管好、用好资金，妥善控制成本。如果说资金是企业的"血液"，则财务部门就是企业的"心脏"。财务总监要参与企业重大决策方案的讨论，如设备投资、产品研发、市场开拓、ISO资格认证、购置厂房等。公司进出的任何一笔资金，都要经过财务部门。

在受训者较少时，可将上述两大职能归到财务总监身上，由其统一负责对企业资金的预测、筹集、调度与监控。其主要任务是管好现金流，评估应收款金额与回收期，预估长、短期资金需求，按需求支付各项费用，核算成本，做好财务分析；进行现金预算，洞悉资金短缺前兆，采用经济有效的方式筹集资金，将资金成本控制到较低水平，管好、用好资金。在受训者人数允许时，建议增设主管会计(财务总监助理)分担会计职能。注意，资金闲置是浪费，资金不足会破产，应在两者之间寻求一个有效的平衡点。

4. 营销总监/销售总监

营销总监主要负责进行需求分析和销售预测，寻求最优市场，确定销售部门的目标体系；制订销售计划和销售预算；负责销售团队的建设与管理；负责客户管理，确保货款及时回笼；做好销售业绩分析与评估；控制产品应收款账期，维护企业财务的安全；分析市场信息，为确定企业产能和产品研发提供依据。营销总监所担负的责任主要是开拓市场、实现销售。

企业的利润是由销售收入带来的，销售的实现是企业生存和发展的关键。为此，营销总监应结合市场预测及客户需求制订销售计划，有选择地进行广告投放，运用丰富的营销策略，控制营销成本，并取得与企业生产能力相匹配的客户订单，与生产部门做好沟通，保证按时交货给客户，监督货款的回收，进行客户关系管理。

营销总监还可以兼任商业间谍的角色和任务，因为他最方便监控竞争对手的情况，如对手正在开拓哪些市场、未涉足哪些市场、他们在销售上取得了多大的成功、他们拥有哪类生产线、生产能力如何等。营销总监充分了解市场，明确竞争对手的动向，有利于今后的竞争与合作。

5. 生产总监

生产总监是企业生产部门的核心人物，对企业的一切生产活动进行管理，并对企业的一切生产活动及产品负最终的责任。生产总监既是生产计划的制订者和决策者，又是生产过程的监控者，对企业目标的实现负有重大的责任。他的工作是通过计划、组织、指挥和控制等手段实现企业资源的优化配置，创造最大经济效益。

在"ERP企业经营沙盘模拟"实训中，生产总监参与制定企业经营战略，负责指挥生产运营过程的正常进行，对生产设备的选购、安装、维护及变卖和管理成品库等工作，权衡利弊，优化生产线组合，保证企业产能。在本实训中，生产能力往往是制约企业发展的重要因素，因此生产总监要有计划地扩大生产能力，以满足市场竞争的需要；同时要提供季度产能数据，为企业决策和运营提供依据。

6. 采购总监

采购是企业生产的首要环节。采购总监负责各种原料的及时采购和安全管理，确保企业生产的正常进行；编制并实施采购供应计划，分析各种物资供应渠道及市场供求变化情况，力求从价格、质量上把好第一关，为企业生产做好后勤保障；进行供应商管理；进行原材料库存的数据统计与分析。

在"ERP企业经营沙盘模拟"实训中，采购总监负责依据生产计划制订采购计划，与供应商签订供货合同，按期采购原材料并向供应商付款，管理原料库等具体工作，确保在合适的时间点采购合适的品种及数量的原材料，保证正常生产。

7. 人力资源总监

21世纪，国家经济的核心是企业，企业的核心是人才，人才是现代企业竞争的核心竞争力。一流的企业是由一流的人才组成的，优秀的产品是优秀的人才做出来的，人力资源是企业的第一资源。人力资源总监负责企业的人力资源管理工作，具体包括企业组织的架构设计、岗位职责的确定、薪酬体系的安排、组织人员招聘、考核等工作。

在"ERP企业经营沙盘模拟"实训中，原来没有设定此角色，但经过多轮实训，我们觉得有必要增设此角色，特别是在受训者人数比较多的情形下，可对每个受训者的参与度与贡献度进行考评，提交给CEO最终做出组内排名，作为学生实训成绩评定的重要依据之一。

8. 商业情报人员/商业间谍

知己知彼，方能百战百胜，闭门造车是不行的。商业情报工作在现代商业竞争中有着非常重要的作用，不容小觑。在受训者人数较少时，此项工作可由营销总监承担；在人数较多时，可设专人协助营销总监来负责此项工作。

9. 其他角色

在受训者人数较多时，可适当增加财务助理、CEO助理、营销助理、生产助理等辅助角色，特别是财务助理很值得设定。为使这些辅助角色不被边缘化，应尽可能明确其所承担的职责和具体任务。

1.1.3　手工沙盘盘面与主要角色的盘面定位

手工沙盘(也称物理沙盘)盘面与主要角色的盘面定位如图1-1所示。

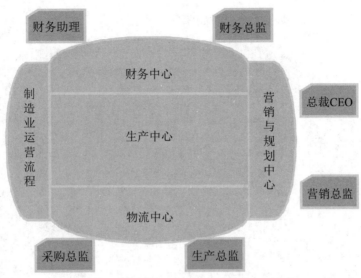

图 1-1　手工沙盘盘面与主要角色的盘面定位

1.1.4　用友电子沙盘简介及与手工沙盘的关系

手工沙盘是使用手工教具进行企业经营模拟操作的沙盘形式。手工沙盘具有操作性强、直观、易于操作、趣味性强的优点，但容易出现错误操作和不规范行为。

电子沙盘采用计算机软件的形式进行模拟对抗，具有规范性强、评判公平、有助分析等优点，但是由于缺少直观性，经营过程容易出现失误。

基于手工沙盘和电子沙盘各自的特点，教学中常采用两者结合的形式进行。

1. 用友电子沙盘简介

用友电子沙盘是用友创业者企业模拟经营系统的简称，是用友公司在手工沙盘后推出的企业经营模拟软件，实现了选单、经营过程、报表生成、赛后分析的自动化，将指导教师的教学从选单、报表录入、监控中解放出来，而将教学重点放于企业经营的本质分析上。

用友电子沙盘有以下几个特点。

(1) 采用 B/S(Browser/Server，浏览器/服务器模式)架构，基于 Web 操作平台，实现本地或异地的训练。

(2) 可以对运作过程的主要环节进行控制。其一，一旦操作，不能返回该环节以前的操作，避免了环节作弊；其二，自动核对现金流，并依据现金流对企业运行进行控制，避免随意挪用现金的操作，从而真实地反映现金对企业运行的关键作用。

(3) 实现交易活动(包括银行贷款、销售订货、原料采购、交货、应收账款回收、市场调查等)的本地操作，以及操作合法性验证的自动化。

(4) 可以与手工沙盘结合使用，也可单独使用(注：高级训练时采用)。

(5) 有多组训练的选择，普通版可在 6～12 组中任选。

(6) 可以有限地改变运行环境参数，调节运行难度。

实际采用的用友手工沙盘盘面全貌如图1-2所示。

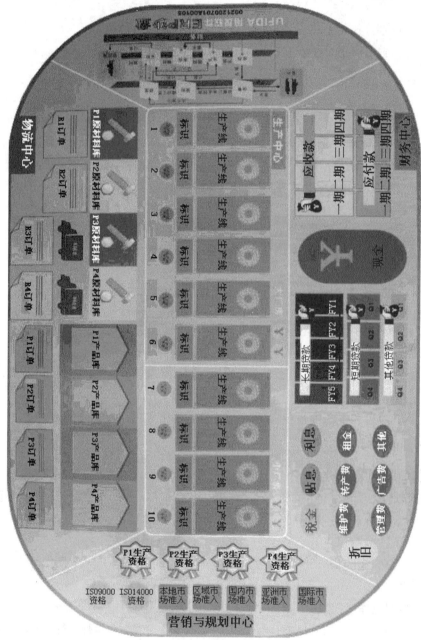

图1-2 实际采用的用友手工沙盘盘面全貌

以上特点除帮助教师轻松完成训练外,还可以方便组织校内比赛,为学生提供更多的实战训练机会。

电子沙盘系统前台及后台效果图如图1-3、图1-4所示。

图1-3 电子沙盘系统前台效果图

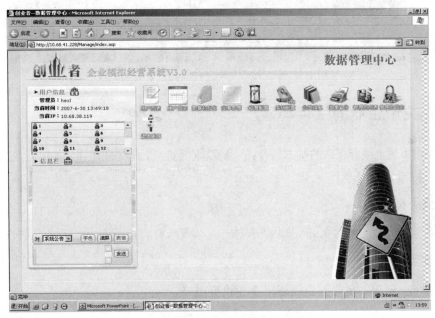

图1-4 电子沙盘系统后台效果图

2. 用友电子沙盘与手工沙盘的关系

用友电子沙盘是用友手工沙盘(ERP 沙盘 V4.0)的拓展和延伸,它们在教学和实训中既可以相结合(如图 1-5 所示为手工沙盘与电子沙盘相结合的实训教室),也可以单独使用。用友创业者企业模拟经营系统是教师在讲授 ERP 沙盘模拟课程时所用的教学软件,利用它可以记录企业模拟的竞争过程,收集各企业每年的广告投入、成本费用、财务状况、经营成果等信息;协助完成选单过程；对各组经营情况进行销售分析、成本分析、财务分析等，减轻教师的授课难度，便于基于大量数据的分析、对比工作。对于初训者，理想的教学模式是将用友创业者企业模拟经营系统与实物沙盘相结合，利于学生对企业的经营及运作流程有一个直观的认识；对于已经熟悉企业的运营流程而进行经营决策的高级训练者，可以单独使用创业者企业模拟经营系统进行训练。

图1-5　手工沙盘与电子沙盘相结合的实训教室

1.1.5　关于企业的生存与破产

企业在市场上生存下来的基本条件：一是以收抵支，二是到期还债。如果企业出现以下两种情况，将宣告破产。

1. 资不抵债

如果企业所取得的收入不足以弥补支出，导致所有者权益为负，企业将破产。

2. 现金断流

如果企业到期的负债无力偿还，企业也会破产。

1.2　认识所要经营的企业

创业者沙盘(电子沙盘)可以是白手起家，也可以设定一个初始状态；ERP沙盘(手工沙盘)是一个固定的初始状态。本书以手工沙盘为例进行介绍。

"希望"公司是一个典型的离散制造型企业，创建已有3年。在本实训中，该企业的唯一盈利来源是销售产品以获取利润。董事会为了选出一个能够带领企业更好发展的领导团队，将采用企业经营模拟竞争的方式进行选拔，用两三天的时间模拟企业 6 年的经营过程，胜出者就是"希望"公司新的领导团队。

1.2.1 公司发展现状与股东期望

该企业长期以来一直专注于某行业 P 产品的生产与经营，目前生产的 P1 产品在本地市场的知名度很高，客户也很满意。同时企业拥有自己的厂房，其中安装了 3 条手工生产线和 1 条半自动生产线，运行状态良好。但从历年盈利来看，增长已经放缓，上年度盈利仅为 300 万元。生产设备陈旧，产品、市场单一，企业管理层长期以来墨守成规地经营，导致企业已缺乏必要的活力。

最近一家权威机构对该行业的发展前景进行了预测，认为 P 产品将会从目前的相对低水平发展为一个高技术产品。为此，公司董事会及全体股东决定将企业交给一批优秀的新人去发展，他们希望新的管理层能做到以下几点。

(1) 投资新产品的开发，使公司的市场地位得到进一步提升。
(2) 开发本地市场以外的其他新市场，进一步拓展市场领域。
(3) 扩大生产规模，采用现代化生产手段，获取更多的利润。

1.2.2 企业财务现状描述

新管理层将接手经营的企业总资产为 1.05 亿元(模拟货币单位 105M，M 表示百万元，下同)，其中，流动资产 52M，固定资产 53M；负债 41M，所有者权益 64M。

1. 流动资产 52M

流动资产包括现金、应收账款、存货等，其中存货又分为在制品、成品和原料。

该企业现有现金 20M，3 个账期(3Q，Q 表示季度，下同)的应收账款为 15M，在制品价值 8M，成品价值 6M，原料价值 3M。

2. 固定资产 53M

固定资产包括土地及厂房、生产设施、在建工程等，其中土地及厂房在此实训中专指厂房，生产设施指生产线，在建工程指未建设完工的生产线。

该企业现有一个价值 40M 的大厂房和价值 13M 的生产设备，包括 3 条手工生产线和 1 条半自动生产线，目前没有在建工程。

3. 负债 41M

负债包括短期负债、长期负债和各项应付款，其中短期负债主要指短期贷款、高利贷等，长期负债主要指长期贷款，各项应付款包括应付税金、应付货款等。

该企业现有长期贷款 40M，应付税金 1M，目前没有短期负债。

4. 所有者权益 64M

所有者权益包括股东资本、利润留存、年度净利等。股东资本是指股东的投资，利润留存是指历年积累下来的年度利润，而年度净利是指当年度的净利润。

该企业股东资本为 50M，利润留存为 11M，年度净利为 3M。

1.2.3 初始状态设定

1. 认识沙盘"语言"

沙盘"语言"如图 1-6 所示。

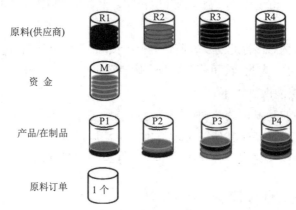

图 1-6 沙盘"语言"

2. 生产中心的初始设定

生产中心的初始设定如图 1-7 所示。

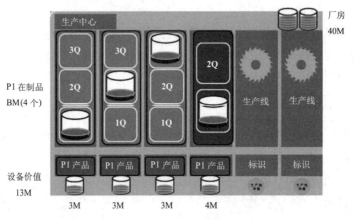

图 1-7 生产中心的初始设定

3. 物流中心的初始设定

物流中心的初始设定如图 1-8 所示。

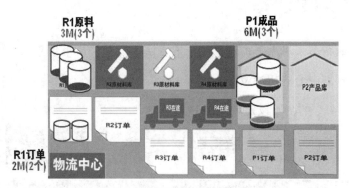

图 1-8　物流中心的初始设定

4. 财务中心的初始设定

财务中心的初始设定如图 1-9 所示，企业目前的财务状况及经营成果如图 1-10 所示。

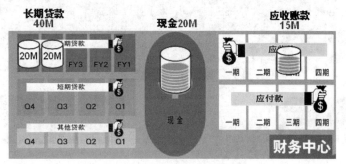

图 1-9　财务中心的初始设定

企业目前的财务状况及经营成果如图 1-10 所示。

利润表　　　　　　　　　　　　　　　　资产负债表

单位：百万元

		金额
销售收入	+	35
直接成本	−	12
毛利	=	23
综合费用	−	11
折旧前利润	=	12
折旧	−	4
支付利息前利润	=	8
财务收入/支出	+/−	4
额外收入/支出	+/−	
税前利润	=	4
所得税		1
净利润	=	3

单位：百万元

资产		金额	负债+权益		金额
现金	+	20	长期负债	+	40
应收款	+	15	短期负债	+	0
在制品	+	8	应付款	+	0
成品	+	6	应交税	+	1
原料	+	3	1 年到期的长贷	+	0
流动资产合计	=	52	负债合计	=	41
固定资产			权益		
土地和建筑	+	40	股东资本	+	50
机器和设备	+	13	利润留存	+	11
在建工程	+	0	年度净利	+	3
固定资产合计	=	53	所有者权益合计	=	64
总资产	=	105	负债+权益	=	105

图 1-10　企业目前的财务状况及经营成果

说明：

图 1-10 中的折旧采用原手工沙盘的折旧方法。如果采用平均年限折旧法，应为 5。

5. 营销与规划中心的初始设定

营销与规划中心的初始设定如图 1-11 所示。

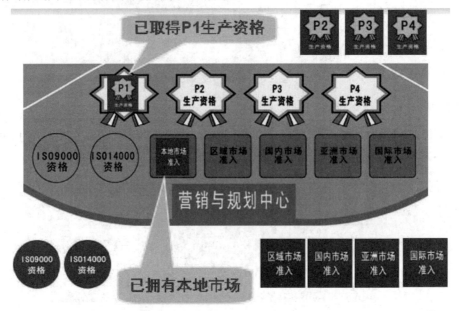

图 1-11　营销与规划中心的初始设定

1.3 模拟企业运营规则

企业的生存和发展离不开市场这个大环境。谁赢得市场，谁就赢得了竞争。

1.3.1 市场划分与市场准入

企业目前在本地市场经营，新市场包括区域、国内、亚洲、国际市场，如图 1-12 所示。不同市场投入的费用及时间不同，只有市场投入全部完成后方可接单。资金短缺时，可随时中断或终止投入，但不可加速投资。各市场间没有必然的联系，即可以跳跃式选择要开发的市场，如放弃其中某一两个市场。

注意：

电子沙盘还有本地市场要开发，只需 1M 一年即可开发完成。

市场	开拓费用	持续时间
区域	1M	1 年
国内	2M	2 年
亚洲	3M	3 年
国际	4M	4 年

图 1-12　企业的新市场

1.3.2　销售会议与订单争取

每年初各企业的营销总监都会参加销售会议并与客户见面。根据市场地位、产品广告投入、市场广告投入和市场需求及竞争态势，按以下顺序选择订单。

首先，由上年在该市场的订单销售额决定市场领导者，并由市场领导者(也称"市场老大")最先选择订单，前提是在想要接单的产品上至少打 1M 的广告费。如果上年市场老大因有未按期交货订单或破产等原因，被取消市场老大的地位，则此市场该年无市场老大，订单选取按无市场老大的情况进行。其次，按该市场产品广告投入量的多少，依次选择订单。若在同一产品上有多家企业的广告投入相同，则按该市场上全部产品的广告投入量决定选单顺序；若该市场的广告投入量也相同，则按上年订单销售额的排名决定先后顺序；如果订单价值也相同，则可通过招标或抓阄等方式选择订单。选单顺序如图 1-13 所示。

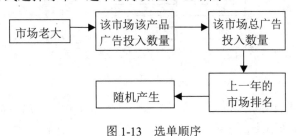

图 1-13　选单顺序

市场竞单的实际操作与技巧(以第四年 P3 产品为例)

说明：

此次竞单首先由 B 组选单，B 组选销售额为 32M 的订单；然后由 A 组选单，A 组选销售额为 23M 的订单；接下来是 C 组选单，通常选法是 C 组选 18M 的订单；最后 B 组又拿走了 17M 的订单。如果从竞争的角度来看，C 组可考虑选 17M 的订单，虽然少获得了 1M 的销售额和利润，但 B 组却失去了第二次拿单的机会。因为 B 组没有打 14K 的广告，所以没有资格拿带有 ISO 14000 的订单，也就是 18M 的订单。市场竞单的实际操作与技巧如图 1-14 所示。

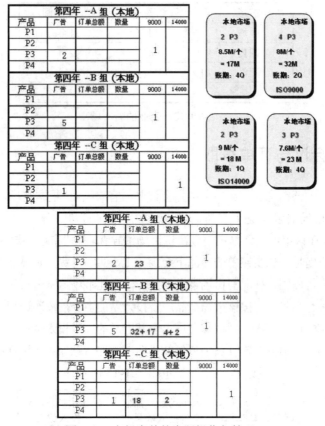

图1-14　市场竞单的实际操作与技巧

注意：

各个市场的产品数量是有限的，并非打广告一定得到订单，能分析清楚"市场预测"，并且"商业间谍"得力的企业，一定占据优势。

模拟企业唯有销售产品以获得利润，因此，如何选择最有价值的销售订单对企业来讲意义非凡。销售订单的选取一般需考虑以下几方面因素：企业的实际产能，产品销售价格，应收账款的账期，订单的约束条件(如加急单或需 ISO 认证资格等)。

在实际操作中，要求营销总监对各个市场拥有敏锐的洞察力和准确的判断力，做到左眼是"显微镜"盯企业，右眼是"放大镜"盯市场，既要专注于某个市场，又要全局统筹安排。例如，如何结合自己的产能状况、财务状况、市场地位、产品价格差异等因素合理考虑各个市场的订单分布，具体如下。

(1) 依据产能接适量的订单，防止因产能不足而出现违约。

(2) 结合公司的财务状况，争取用最低的广告费用获取最大的销售额和利润，并保证现金及时回流。

(3) 正确分配产品在各个市场的分布，保住或争取市场老大的地位。

(4) 尽量在利润率高的市场接单，尽量接利润率高的单。

(5) 选择正确的广告投放方式。例如，在有明显优势(市场老大)或竞争较弱的市场，可采取遍地开花的策略,即对各个产品均投少量的广告费,获取大量订单;对于竞争激烈的市场,则可采用集中的策略;在有利可图的市场,广告费集中在某一两个产品上,确保有单可选,避免广告费的浪费。同时,应注意市场广告费的规模效益,争取在平等竞争中获取优势(单个产品广告费相同时,该市场总广告费多者优先选单)。

(6) 尽量充分掌握竞争对手的广告策略和订单信息,为我所用。选单时,不仅要关注自己,同时还要关注对手,在订单数量和订单的约束条件上"做文章",如上面的选单情况实例。

个案思考

A公司第一年在本地市场对P1产品投放了最多的广告费(19M),却选择了销售额第二大的订单,因此错失了市场老大的地位,这是一个很明显的失误。然而,在实训中类似的失误时有发生,应杜绝这种失误。本案例的关键不在这里,真正值得我们商讨的是:

(1) 用19M的广告费博取市场老大是否物有所值?风险是否太大?
(2) 如果夺下了市场老大还好,如果没有夺下呢?假如有企业打了20M的广告呢?
(3) 如果第二年广告只有7M,你得的这个老大是否代价太大?
(4) 如果分出10M,甚至15M去做产品开发和新市场的开拓是否更有价值?
(5) 用多大的代价(打多少广告)去争本地市场老大比较合适?

第一年6张订单的毛利依次为22M、16M、14M、10M、7M和4M。

个案分析

B公司拥有两条第三年第二期(2Q)可投资完成的P2全自动生产线。该公司在第三年年初的销售会议上接了4个P2产品的订单,结果到年底P2产品不够4个无法交单,导致违约。这是为什么呢?

因为这两条P2全自动生产线2Q才完成投资,3Q方可上线生产,到4Q时,只能各生产一个P2产品(合计共2个);而4Q再上线生产的P2产品要到第四年1Q方可下线,因此,B公司第三年实际上只能生产出2个P2,无法交上4个P2产品,导致订单违约。

教训分享

此案例来自2008年用友ERP沙盘大赛辽宁赛区决赛(本科组),共有9组参赛。比赛进行到第三年,绝大多数组产能都已具有相当的规模,市场对各公司越来越重要。此时,国内市场刚刚开放,尚无市场老大,各组都跃跃欲试,竞争相当激烈。C公司在该市场对每种产品各投了2M广告费,该市场广告费合计是8M。由于其他各组在P2、P3的广告费上最低投入是3M,而P2、P3产品仅各有6张订单,因此,C公司丧失了P2、P3产品的选单机会,4M广告费等于浪费了。但I公司将8M广告费集中在P2、P3产品上各4M,结果接取了总额54M的订单,收获颇丰。在此种竞争状态下,适用集中力量各个击破的策略,而不适合采用"广种薄收"的遍地开花策略。

1.3.3 厂房的购买、租赁与出售

生产中心的厂房示意图如图 1-15 所示，厂房买价、租金、售价一览表如表 1-1 所示。

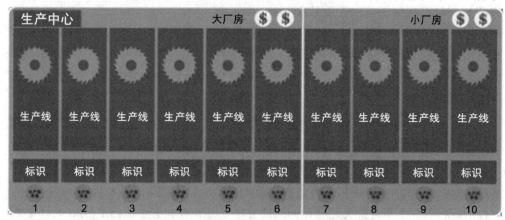

图 1-15　生产中心的厂房示意图

表 1-1　厂房买价、租金、售价一览表

厂房	买价	租金	售价	容量
大厂房	40M	5M/年	40M(4Q)	6 条生产线
小厂房	30M	3M/年	30M(4Q)	4 条生产线

购买厂房后，将购买款放在厂房价值处，表明该厂房的价值，厂房不提折旧；租赁厂房的租金放在综合费用区的租金项；出售厂房的收入计入 4Q 应收款，不是可以马上使用的现金，急需用钱可以贴现。如果厂房里仍有生产线，需要马上支付租金。

1.3.4 生产线的购买、转产与维护、出售

生产线的购买、转产与维护、出售情况如图 1-16 所示。

生产线	购买价格	安装周期	生产周期	转产周期	转产费用	维护费用	出售残值
手工线	5 M	无	3Q	无	无	1M/年	1M
半自动	10M	2Q	2Q	1Q	1M	1M/年	2M
全自动	15M	3Q	1Q	1Q	2M	1M/年	3M
柔性线	20M	4Q	1Q	无	无	1M/年	4M

图 1-16　生产线的购买、转产与维护、出售情况

所有生产线都能生产所有产品，所需支付的加工费相同，即 1M/产品。
- 购买：投资新生产线时按安装周期平均支付投资，全部投资到位的下一个季度领取产品标识，开始生产。
- 转产：生产线转产生产新产品时可能需要一定的转产周期并支付一定的转产费用，最后一笔支付到期一个季度后方可更换产品标识。
- 维护：当年在建的生产线和当年出售的生产线不用交维护费。
- 出售：无论何时出售生产线，价格均为残值，该部分转为现金，净值与残值直接计入损失(综合费用——其他)。
- 折旧：采用 5 年平均折旧法。当年建成的生产线不提折旧；当生产线净值等于残值时，不再计提折旧。

折旧表(平均年限法)如表 1-2 所示。

表 1-2 折旧表(平均年限法)

生产线	购置费	残值	建成第一年	建成第二年	建成第三年	建成第四年	建成第五年
手工线	5M	1M	0	1M	1M	1M	1M
半自动	10M	2M	0	2M	2M	2M	2M
全自动	15M	3M	0	3M	3M	3M	3M
柔性线	20M	4M	0	4M	4M	4M	4M

例如，第一年 1Q 投建柔性生产线，连续投资到第 4Q，投资完成，第二年 1Q 方可领取产品标识，开始生产。因此，该条生产线的建成时间是第二年 1Q，而不是第一年 4Q。为此，该生产线第一年 4Q 尚在建设中，既不用交维护费，也不需要折旧；第二年是建成的第一年，不用折旧，但要交维护费；第三年是建成的第二年，既要交维护费，也要提折旧。

如果是第一年 1Q 投建全自动生产线，连续投资，到 3Q 投资完成，4Q 就可以领取产品标识，开始生产。因此，该条生产线的建成时间是第一年 4Q，年底要交维护费，但不用提折旧；第二年则既要交维护费，也要提折旧。为此，也可以第一年 2Q 开始投建全自动生产线，连续投资，如此就同同上面投建柔性生产线的情况了，第一年 4Q 尚在建设中，既不用交维护费，也不需要折旧；第二年是建成的第一年，不用折旧，但要交维护费；第三年是建成的第二年，既要交维护费，也要提折旧，达到延缓交维护费和计提折旧的目的。

【规则对比】传统手工沙盘生产线的购买、转产与维护、出售的原定规则如表 1-3 所示。

表 1-3 传统手工沙盘生产线的购买、转产与维护、出售的原定规则

生产线	买价	安装周期	生产周期	转产周期	转产费用	维护费用	出售残值
手工线	5M	无	3Q	无	无	1M/年	1M
半自动	8M	2Q	2Q	1Q	1M	1M/年	2M
全自动	16M	4Q	1Q	2Q	4M	1M/年	4M
柔性线	24M	4Q	1Q	无	无	1M/年	8M

(1) 购买：同上。

(2) 转产：同上。

(3) 维护：同上。

(4) 出售：同上。

(5) 折旧：每年按生产线净值的 1/3 取整计算折旧。当年建成的生产线不提折旧，当生产线净值小于 3M 时，每年提 1M 折旧，直至净值为零，但生产线依旧可以使用，只是不再计提折旧，并且维护费照样要交。

1.3.5 产品的生产与原材料的采购

物流中心原材料与订单如图 1-17 所示。

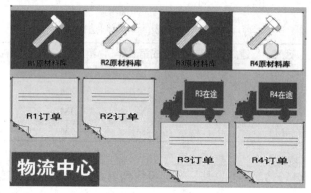

图 1-17 物流中心原材料与订单

1. 采购

用空桶表示原材料订货，并将其放在相应的订单上。R1、R2 订货必须提前一个季度；R3、R4 订货必须提前两个季度。根据所下采购订单接受相应原料入库，并按规定付款或计入应付款。

2. 生产

开始生产时，按产品结构要求将原料放在生产线上并支付加工费(各种生产线生产所有产品的加工费均为 1M)，空生产线才能上线生产，一条生产线在同一时刻只能生产一个产品。上线生产必须有原料，否则必须停工待料。

1.3.6 产品研发

产品的生产资格如图 1-18 所示，产品的研发时间和投资情况如表 1-4 所示。

图 1-18 产品的生产资格

表 1-4　产品的研发时间和投资情况

产品	P2	P3	P4
研发时间	4Q	6Q	6Q
研发投资	4M	6M	12M

新产品的研发投资可以同时进行,按季度平均支付。资金短缺时,可随时中断或终止投入,但不可加速投资,必须完成全部投资后方可生产,但可提前接单。例如,P3 产品的研发周期为 6Q,企业从第一年 1Q 开始研发 P3,最快要到第二年 2Q 才能完成研发投资,因此,最快要到第二年 3Q 方可开始生产 P3 产品。但在企业参加第二年销售订货会议时,已经可以接 P3 产品订单了,虽然此时 P3 产品的研发尚未完成。

研发投资计入综合费用,研发投资完成后,持全部投资到裁判台换取产品生产资格证。

注意:

电子沙盘还有 P1 产品要研发,需要两个季度,1M/Q。

【规则对比】传统手工沙盘产品研发的原定规则如表 1-5 所示。

表 1-5　传统手工沙盘产品研发的原定规则

产品	P2	P3	P4	备注说明
研发时间	6Q	6Q	6Q	研发时间可以延期,但不能加速投资
研发投资	6M	12M	18M	

1.3.7　市场开发和 ISO 认证

市场开发和 ISO 认证情况如图 1-19 所示。

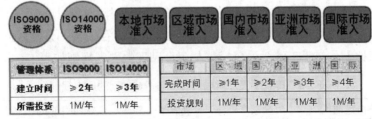

图 1-19　市场开发和 ISO 认证情况

1. 市场开发

市场开发投资按年度支付,允许同时开发多个市场,但每个市场每年最多投资 1M,不允许加速投资,但允许中断。某一市场开发完成后,持开发费用到裁判台领取市场准入证,之后才允许进入该市场竞单。

2. ISO 认证

ISO 9000 和 ISO 14000 两项认证投资可同时进行或延期进行，但不可加速投资。相应投资完成后，持投资费用到裁判台领取 ISO 资格证。

当年市场开发投资与 ISO 认证投资计入当年综合费用。

1.3.8 融资贷款与资金贴现

融资贷款与资金贴现情况如图 1-20 所示。

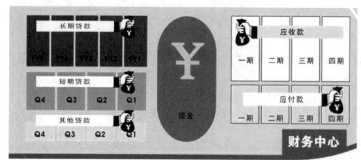

图 1-20　融资贷款与资金贴现情况

长期贷款最长期限为 5 年，短期贷款及高利贷期限为 1 年，不足 1 年的按 1 年计息。长期贷款每年需还利息，新贷长贷次年开始交利息，当年还的长贷该年也要交利息；短期贷款到期时还本付息(贷款只能是 20 的倍数)。资金贴现在有应收款时随时可以进行，金额是 8 的倍数，不论应收款期限长短，从每 8M 中拿出 1M 交贴现费。库存拍卖：原料八折，成品原价。

【规则对比】传统手工沙盘融资贷款与资金贴现的原定规则如表 1-6 所示。

表 1-6　传统手工沙盘融资贷款与资金贴现的原定规则

贷款类型	办理时间	最大额度	利息率	还本付息时间	贷/息
长贷(5 年)	年末	上年权益 2 倍	10%	年底付息，到期还本	20M/2M
短贷(1 年)	季初	上年权益 2 倍	5%	到期还本、付息	20M/1M
高利贷 1 年	随时	与银行协商	20%	到期还本、付息	20M/4M
资金贴现	随时	视应收款额	1/7	变现付息	7M/1M

说明：

此处按 1/7 贴现相当于按 1∶6 贴现，资金贴现以 7M 及 7M 的整数倍为单位，每 7M 的应收款缴纳 1M 的贴现费用，放入综合费用区的贴息栏，其余 6M 作为现金放入现金库。

1.3.9 紧急采购

紧急采购，付款即到货，原料价格为直接成本的 2 倍，成品价格为直接成本的 3 倍，多于直接成本的支出计入损失(综合费用——其他)。

1.3.10 综合费用与折旧、税金、利息

综合费用与折旧、税金、利息如图 1-21 所示。

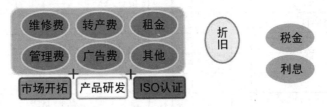

图 1-21 综合费用与折旧、税金、利息

- 综合费用：行政管理费(每个季度 1M)、市场开拓、产品研发、ISO 认证、广告费、生产线转产、设备维修、厂房租金等计入综合费用。
- 折旧：设备折旧按 5 年平均年限法计算。当年建成的生产线不提折旧，当生产线净值等于残值时，不再计提折旧。
- 税金：每年所得税计入应付税金，在下一年初缴纳。
- 利息：利息、贴息等费用在利润表(损益表)中单列为财务支出，不计入综合费用。

【规则对比】传统手工沙盘的原定规则如下。

设备折旧按余额递减法计算，每年按生产线净值的 1/3 取整计算折旧。当年建成的生产线不提折旧，当生产线净值小于 3M 时，每年提 1M 折旧。

1.4 手工沙盘起始年运行

企业选定新的管理团队之后，原有管理层总要"扶上马，送一程"。因此，在起始年里，新的管理团队仍受制于老的管理团队，企业的决策仍由老的团队定夺，新管理层只能执行。起始年的主要目的是新管理团队的磨合，进一步熟悉并掌握运营规则，明晰企业的运营流程。起始年运行在指导教师的控制下进行。

起始年运营说明如下。

(1) 不进行任何贷款。
(2) 不投资新的生产线。
(3) 不进行产品研发。
(4) 不购买新厂房。

(5) 不开拓新市场。

(6) 不进行 ISO 认证。

(7) 每季度订购一批 R1 原料。

(8) 生产持续进行。

模拟企业每年的运行流程，以财务用表为例，如表 1-7 所示，按流程逐步运行，并在沙盘盘面做相应操作。

表 1-7 财务用表

新年度规划会议					按订单交货				
参加订货会/登记销售订单					产品研发投资				
制订新年度计划					支付行政管理费				
支付应付税					其他现金收支情况登记				
季初现金盘点					支付租金/购买厂房				
更新短贷/支付利息					支付利息/更新长期贷款				
更新应付款/归还应付款					支付设备维护费				
原材料入库/更新原料订单					计提折旧				
下原料订单					新市场开拓/ISO 认证投资				
更新生产/完工入库					结账				
投资新生产线/变卖生产线					现金收入合计				
向其他企业购买原材料					现金支出合计				
开始下一批生产					期末现金对账				
更新应收款/应收款收现									
出售厂房									
向其他企业购买成品/出售成品									

销售会议完成后，请将市场订单登记在表 1-8 中。

表 1-8 市场订单

订单号	XXX				
市场	本地				
产品	P1				
数量	6				
账期	2Q				
销售额					
成本					
毛利					

交货时填写

按企业运营流程逐步运行起始年后，结果如表 1-9 所示。

表 1-9 运行结果

新年度规划会议					按订单交货	×		×	×	
参加订货会/登记销售订单	1				产品研发投资	×	×	×	×	
制订新年度计划					支付行政管理费	1	1	1	1	
支付应付税	1				其他现金收支情况登记	×	×	×	×	
季初现金盘点	18	14	10	22	支付利息/更新长期贷款				4	
更新短贷/支付利息					支付设备维护费				4	
更新应付款/归还应付款	×	×	×	×	支付租金/购买厂房					
原材料入库/更新原料订单	2	1	1	1	计提折旧				(4)	
下原料订单					新市场开拓/ISO 认证投资					
更新生产/完工入库					结账					
投资新生产线/变卖生产线					现金收入合计	0	0	15	32	
向其他企业购买原材料	×	×	×	×	现金支出合计	4	4	3	12	
开始下一批生产	1	2	1	2	期末现金对账	14	10	22	42	
更新应收款/应收款收现			15	32						
出售厂房	×	×	×	×						
向其他企业购买成品	×	×	×	×						

填写商品核算统计表,如表 1-10 所示。

表 1-10 商品核算统计表

核算统计项目	P1	P2	P3	P4	合计
数量	6				6
销售额	32				32
成本	12				12
毛利	20				20

填写费用明细表,如表 1-11 所示。

表 1-11 费用明细表

项目	金额	备注
管理费	4	
广告费	1	
维护费	4	
租金		
转产费		
市场准入		□区域 □国内 □亚洲 □国际
ISO 资格认证		□ISO 9000 □ISO 14000
产品研发		P2( ) P3( ) P4( )
其他		
合计	9	

编制起始年财务报表，如表1-12所示。

表 1-12 起始年财务报表

损益表

单位：百万元

		上年	本年
销售收入	+	35	32
直接成本	−	12	12
毛利	=	23	20
综合费用	−	11	9
折旧前利润	=	12	11
折旧	−	4	4
支付利息前利润	=	8	7
财务收入/支出	+/−	4	4
额外收入/支出	+/−		
税前利润	=	4	3
所得税	−	1	1
净利润	=	3	2

资产负债表

单位：百万元

资产		年初	本年	负债＋权益		年初	本年
现金	+	20	42	长期负债	+	40	40
应收款	+	15	0	短期负债	+	0	0
在制品	+	8	8	应付款	+	0	0
成品	+	6	6	应交税金	+	1	1
原料	+	3	2	1年到期的长贷	+		
流动资产合计	=	52	58	负债合计	=	41	41
固定资产				权益			
土地和建筑	+	40	40	股东资本	+	50	50
机器设备	+	13	9	利润留存	+	11	14
在建工程	+			年度净利	+	3	2
固定资产合计	=	53	49	所有者权益	=	64	66
总资产	=	105	107	负债＋权益	=	105	107

1.5 电子沙盘操作指南

电子沙盘操作见创业者企业模拟经营系统 V3.0 学生端操作说明。

1.5.1 登录系统

1. 进入系统

进入系统需要按照下列步骤进行。

(1) 打开 IE 浏览器。

(2) 在地址栏中输入 http://服务器地址或服务器机器名，进入创业者系统。

(3) 单击创业者标志图，进入学生端登录窗口，如图 1-22 所示。

(4) 用户名为公司代码 A、B、C 等，首次登录的初始密码为 1。

图 1-22　登录界面

2. 首次登录填写信息

当首次登录时需要填写如下内容。

(1) 公司名称(必填)。

(2) 所属学校(必填)。

(3) 各职位人员姓名(如有多人,可以在一个职位中输入两个以上的人员姓名)(必填),登记确认后不可更改。

(4) 重设密码。

首次登录的用户登记信息如图 1-23 所示。

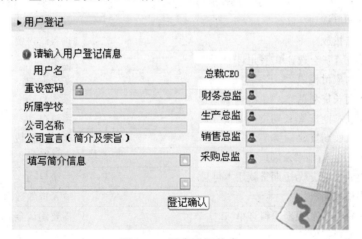

图 1-23　用户登记信息

创业者企业模拟经营系统 V3.0 的操作界面如图 1-24 所示。

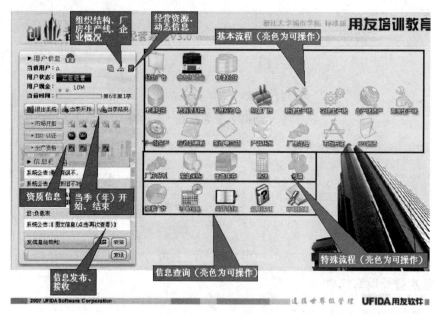

图 1-24 创业者企业模拟经营系统 V3.0 的操作界面

1.5.2 流程运行任务

手工和系统操作流程如表 1-13 所示。

表 1-13 手工和系统操作流程

	手工操作流程	系统操作
年初	新年度规划会议	
	广告投放	输入广告费，确认
	参加订货会选订单/登记订单	选单
	支付应付税	系统自动
	支付长贷利息	系统自动
	更新长期贷款/长期贷款还款	系统自动
	申请长期贷款	输入贷款数额并确认
1	季初盘点（请填余额）	产品下线，生产线完工(自动)
2	更新短期贷款/短期贷款还本付息	系统自动
3	申请短期贷款	输入贷款数额并确认
4	原材料入库/更新原料订单	需要确认金额
5	下原料订单	输入并确认
6	购买/租用——厂房	选择并确认，自动扣现金
7	更新生产/完工入库	系统自动
8	新建/在建/转产/变卖——生产线	选择并确认
9	紧急采购(随时进行)	随时进行输入并确认
10	开始下一批生产	选择并确认
11	更新应收款/应收款收现	需要输入到期金额

(续表)

	手工操作流程	系统操作
12	按订单交货	选择交货订单确认
13	产品研发投资	选择并确认
14	厂房——出售(买转租)/退租/租转买	选择确认,自动转应收款
15	新市场开拓/ISO 资格投资	仅第四季允许操作
16	支付管理费/更新厂房租金	系统自动
17	出售库存	输入并确认(随时进行)
18	厂房贴现	随时进行
19	应收款贴现	输入并确认(随时进行)
20	季末收入合计	
21	季末支出合计	
22	季末数额对账[(1)+(20)−(21)]	
年末	缴纳违约订单罚款	系统自动
	支付设备维护费	系统自动
	计提折旧	系统自动
	新市场/ISO 资格认证	系统自动
	结账	

系统操作完成后不能更改。

系统中的操作分为基本流程和特殊流程,基本流程要求按照一定的顺序依次执行,不允许改变其执行的顺序。

1. 年初任务

1) 投放广告

(1) 没有获得任何市场准入证时不能投放广告(系统认为其投放金额只能为0)。

(2) 在投放广告窗口中,市场名称为红色表示尚未开发完成,不可投广告。

(3) 完成所有市场产品投放后,选择"确认投放"退出,退出后不能返回更改。

(4) 投放完成后,可以通过广告查询,查看已经完成投放广告的其他公司的广告投放。

(5) 广告投放确认后,长贷本息及税金同时被自动扣除,如图1-25所示。

图1-25 投放广告

2) 选单顺序规则

系统自动依据以下规则确定选单顺序。

(1) 上年市场销售第一名(无违约)的为市场老大，优先选单；若有多队销售并列第一则市场老大由系统随机决定，可能为其中某队，也可能无老大。

(2) 本市场本产品广告额。

(3) 本市场广告总额。

(4) 本市场上年销售排名。

(5) 仍不能判定，先投广告者先选。

注意：

投1M广告有一次选单机会，此后每增加2M，多一次选单机会。

3) 选单

选单权限系统自动传递。有权限的企业必须在倒计时以内选单，否则系统视为放弃本回合选单(注意：单击选择某订单但未确认，倒计时仍在进行，但屏幕显示倒计时停止)，如图1-26所示。

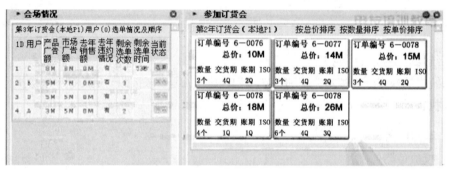

图1-26　选单

(1) 不可选订单显示为红色。

(2) 系统自动判定是否有ISO资格。

(3) 可放弃本回合选单，但仍可观看其他队选单。

系统中将某市场某产品的选单过程称为回合(最多20回合)，每回合选单可能有若干轮，每轮选单中，各队按照排定的顺序依次选单，但只能选一张订单。当所有队都选完一次后，若还有订单，则开始进行第二轮选单，各队行使第二次选单机会，依次类推，直到所有订单被选完或所有队退出选单为止，本回合结束。

当轮到某一公司选单时，"系统"以倒计时的形式给出本次选单的剩余时间，每次选单的时间上限为系统设置的选单时间，即在规定的时间内必须做出选择(选择订单或选择放弃)，否则系统自动视为放弃选择订单。无论是主动放弃还是超时系统放弃，都将视为退出本回合的选单。

如果显示选单时间小于等于5秒，则可能造成选单无效。

4) 申请长期贷款

(1) 选单结束后即可申请长期贷款，每年只有年初可以申请长贷，然后再单击"当季开始"按钮。

(2) 不可超出最大贷款额度。

(3) 可选择 2～5 年中不同的贷款年限组合，已确认的贷款不可更改。

(4) 贷款额为 10 的倍数，如图 1-27 所示。

图 1-27　申请长期贷款

2. 季度任务

1) 四季任务启动与结束

每季经营开始及结束都需要确认"当季开始""当季(年)结束"，第四季显示为"当年结束"；请注意操作权限，亮色按钮为可操作权限；若破产则无法继续经营，自动退出系统，可联系裁判；现金不够请紧急融资(出售库存、应收款贴现、厂房贴现)；更新原料库和更新应收款为每季必执行流程，也是关键节点，单击此按钮后，其前面的流程即自动关闭，不可再操作；其余操作顺序并无严格要求，但建议按流程执行；选择操作请双击。

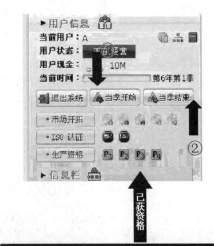

(1) 当季开始。

① 选单结束或长贷后当季开始。

② 开始新一季经营需要单击"当季开始"按钮。

③ 系统自动扣除短贷本息。

④ 系统自动完成更新生产、产品入库及转产操作，如图 1-28 所示。

(2) 当季结束。

① 一季经营完成需要单击"当季结束"按钮确认。

② 系统自动扣管理费(1M/季)及租金，并且检测产品的开发完成情况，如图 1-29 所示。

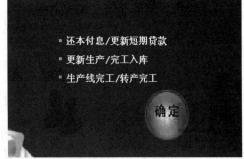

图 1-28　当季开始

图1-29　当季结束

2) 申请短期贷款

(1) 一季只能操作一次。

(2) 申请额为20的倍数。

(3) 长短贷总额(已贷＋欲贷)不可超过上年权益规定的倍数，如图1-30所示。

图1-30　申请短期贷款

3) 原材料入库

(1) 系统自动提示需要支付的现金(不可更改)。

(2) 只需要单击"确认更新"按钮即可，如图1-31所示。

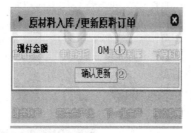

图1-31　原材料入库

(3) 系统自动扣减现金。

(4) 确认更新后，后续的操作权限方可开启(下原料订单到更新应收款)，前面操作权限关闭，一季只能操作一次。

4) 下原料订单

(1) 输入所有需要的原料数量后单击"确认订购"按钮，一季只能操作一次。

(2) 确认订购后不可退订，也可以不下订单，如图1-32所示。

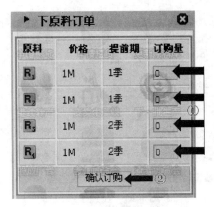

图 1-32　下原料订单

5) 购置厂房

厂房可买可租，最多只可使用一大一小两个厂房，如图 1-33 所示。

图 1-33　购置厂房

6) 新建生产线

新建生产线需选择厂房、生产线类型、生产产品类型；可在查询窗口查询；一季可操作多次，直至生产位铺满，如图 1-34 所示。

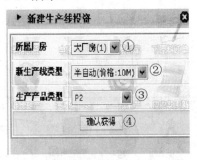

图 1-34　新建生产线

7) 在建生产线

(1) 系统自动列出投资未完全生产线。

(2) 复选需要继续投资的生产线。

(3) 也可以不选。

(4) 一季只可操作一次，如图 1-35 所示。

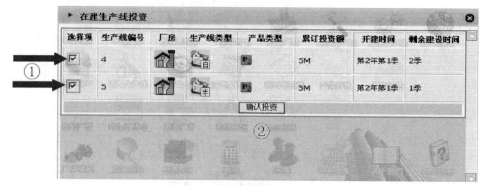

图1-35 在建生产线

8) 生产线转产
(1) 系统自动列出符合转产要求的生产线(建成且没有在产品的生产线)。
(2) 单选一条生产线，并选择转产的生产产品。
(3) 可多次操作，如图1-36所示。

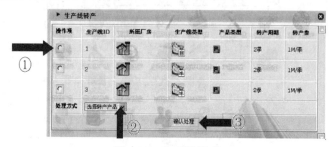

图1-36 生产线转产

9) 变卖生产线
(1) 系统自动列出可变卖生产线(建成后没有在制品的空置生产线，转产中生产线也可卖)。
(2) 单选操作生产线后，单击"确认变卖"按钮，如图1-37所示。

图1-37 变卖生产线

(3) 可重复操作，也可放弃操作。
(4) 变卖后，从价值中按残值收回现金，高于残值的部分记入当年费用的损失项目。
10) 开始下一批生产
(1) 系统自动列出可以进行生产的生产线。

(2) 自动检测原料、生产资格、加工费。

(3) 依次单击"开始生产"按钮,如图1-38所示,直到窗口中没有生产线列示,或者提示不能正常开工为止。

图1-38 开始下一批生产

(4) 系统自动扣除原料及加工费用。

11) 应收款更新

(1) 不提示本期到期的应收款。

(2) 需要自行填入到期应收款的金额,多填不允许操作;少填时,则按实际填写的金额收现,少收部分转入下一期应收款,如图1-39所示。

此步操作后,前面的各项操作权限关闭(不能返回以前的操作任务),并开启以后的操作任务,按订单交货、产品开发、厂房处理权限。

图1-39 应收款更新

12) 按订单交货

(1) 系统自动列出当年未交订单。

(2) 自动检测成品库存是否足够,交单时间是否过期。

(3) 单击"确认交货"按钮,如图1-40所示,系统自动增加应收款或现金。

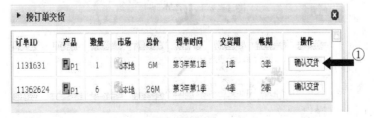

图1-40 按订单交货

(4) 超过交货期则不能交货,系统收回违约订单,并在年底扣除违约金(列支在损失项目中)。

13) 产品研发投资

(1) 复选操作，需同时选定要开发的所有产品，一季只允许操作一次。

(2) 单击"确认投资"按钮确认并退出本窗口，如图1-41所示，一旦退出，则本季度不能再次进入。

图1-41 产品研发投资

(3) 当季结束系统检测开发是否完成。

14) 厂房处理

(1) 如果拥有厂房但无生产线，则可卖出，增加4Q应收款，并删除厂房。

(2) 如果拥有厂房且有生产线，卖出后增加4Q应收款，自动转为租，并扣当年租金，记下起租时间。

(3) 租用厂房如果离上一次付租金满一年，则可以转为购买(租转买)，并立即扣除现金。如果无生产线，则可退租厂房。

(4) 租用厂房如果离上一次付租金满一年，若不执行本操作，则视为续租，并在当季结束时自动扣下一年租金，如图1-42所示。

图1-42 厂房处理

3. 年末任务

1) 市场开拓投资

(1) 复选所有要开发的市场，然后单击"确认投资"按钮，如图1-43所示。

(2) 只有第四季可操作一次。

(3) 第四季结束系统自动检测市场开拓是否完成。

图 1-43　市场开拓投资

2) ISO 认证投资

(1) 复选所有要开发的市场，然后单击"确认投资"按钮，如图 1-44 所示。

图 1-44　ISO 认证投资

(2) 只有第四季可操作一次。

(3) 第四季结束系统自动检测开拓是否完成。

3) 当年结束

(1) 第四季经营结束，则需要当年结束，确认一年经营完成。

(2) 系统自动完成如图 1-45 所示的任务，并在后台生成三报表。

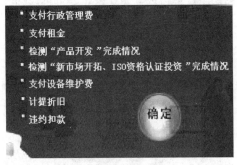

图 1-45　当年结束

1.5.3　特殊运行任务

特殊运行任务是不受正常流程运行顺序的限制，当需要时就可以操作的任务。此类操作分为两类：第一类为运行类操作，这类操作可改变企业资源的状态，如固定资产变为流动资产等；第二类操作为查询类操作，该类操作不改变任何资源的状态，只是查询资源情况。

1. 厂房贴现

(1) 任意时间可操作。

(2) 将厂房卖出，获得现金。

(3) 如果无生产线，厂房原值售出后，所有售价按 4 季应收款全部贴现。

(4) 如果有生产线，除按售价贴现外，还要再扣除租金。

(5) 系统自动全部贴现，不允许部分贴现，如图 1-46 所示。

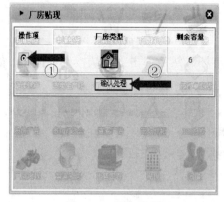

图 1-46　厂房贴现

2. 紧急采购

(1) 在任意时间操作。

(2) 单选需购买的原料或产品，填写购买数量后确认订购。

(3) 原料及产品的价格列示在右侧栏中。

(4) 立即扣款到货。

(5) 购买的原料和产品均按照标准价格计算，高于标准价格的部分记入损失项，如图 1-47 所示。

图 1-47　紧急采购

3. 出售库存

(1) 可在任意时间操作。

(2) 填入售出原料或产品的数量，然后单击"确认出售"按钮，如图1-48所示。

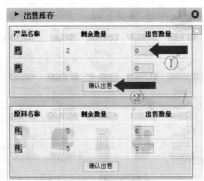

图1-48　出售库存

(3) 原料、成品按照系统设置的折扣率回收现金。

(4) 售出后的损失部分记入费用的损失项。

(5) 所取现金向下取整。

4. 贴现

(1) 1、2季与3、4季分开贴现。

(2) 1、2季应收款可加总贴现，3、4季应收款可加总贴现。

(3) 可在任意时间操作。

(4) 次数不限。

(5) 填入的贴现额应小于或等于应收款。

(6) 输入的贴现额乘以对应贴现率，即可求得贴现费用(向上取整)，贴现费用计入财务支出，其他部分增加现金，如图1-49所示。

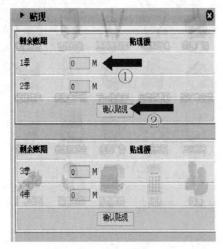

图1-49　贴现

5. 商业情报收集(间谍)

(1) 任意时间可操作，可查看任意一家企业信息，查看总时间为 10 分钟(可变参数)，第二次查看必须在 50 分钟后(可变参数)。

(2) 需要缴纳一定费用或免费(由裁判设定)。

(3) 可以查看厂房、生产线、市场开拓、ISO 认证、产品开发情况，如图 1-50 所示。

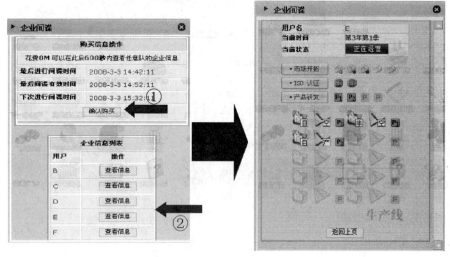

图 1-50　商业情报收集

6. 订单信息

(1) 任意时间可操作。

(2) 可查询所有订单信息及状态，如图 1-51 所示。

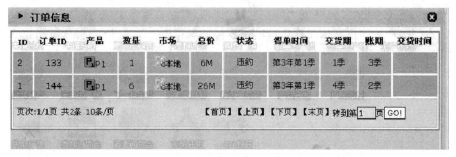

图 1-51　订单信息

7. 破产检测

广告投放完毕、当季开始、当季(年)结束、更新原料库等处，系统自动检测已有现金加上最大贴现、出售所有库存及厂房贴现是否足够本次支出，如果不够，即权益为负，则破产退出系统。如需继续经营，联系管理员(教师)进行处理。

8. 其他

(1) 当需要付现时操作系统均会自动检测，若不够，则无法进行下去。

(2) 请注意更新原料库及更新应收款两个操作是其他操作的开关。
(3) 对操作顺序并无严格要求，但建议按顺序操作。
(4) 可通过 IM 与管理员(教师)联系。
(5) 市场开拓与 ISO 投资仅第四季可操作。
(6) 广告投放完，通过查看广告可知道其他企业的广告投放情况。
(7) 操作中发生显示不当，立即按 F5 刷新或退出重新登录。

出现小数时的处理规则如下。
(1) 违约金扣除——向下取整。
(2) 库存拍卖所得现金——向下取整。
(3) 贴现费用——向上取整。
(4) 扣税——向下取整。

1.5.4 重要参数

如图 1-52 所示为默认系统参数，教师可修改。

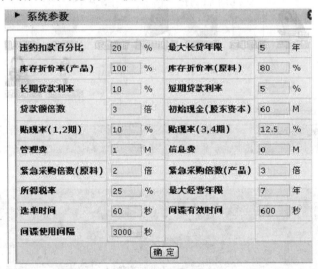

图 1-52 系统参数

注意，1.1～1.5 节是依据教师授课课件和流程进行的规则介绍；1.6 节为对上述内容的归纳概括，目的是便于学生在实际操作中快速查询使用；1.7 节为市场预测报告，需要认真研读分析。

1.6 "约创"云平台操作指南

约创云平台登录网址为 www.staoedu.com，或者根据各学校提供的网址进行登录。

注意，登录时请使用 chrome 浏览器或火狐浏览器，使用 360 浏览器时需设置成极速模式，生产总监应使用火狐浏览器。

每年操作分为 3 个部分，即年初、年中、年末，请按照时间顺序进行操作。

1.6.1 年初

1. 投放广告

在年初，会有 5 分钟时间来进行促销广告的投放，如图 1-53～图 1-55 所示。广告资金花费"总经理"的钱，若总经理没有现金，则无法投放，因此，首先应向财务总监进行预算申报。

投放流程：右下角订货会→选单→投放广告。

图 1-53　投放广告(1)

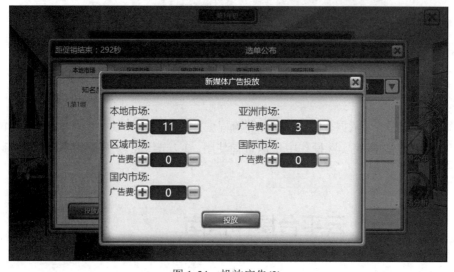

图 1-54　投放广告(2)

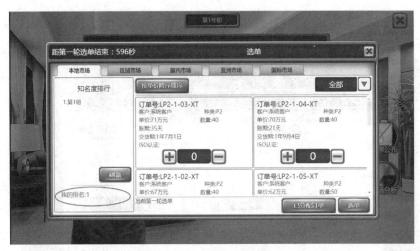

图1-55 投放广告(3)

注意：

广告投放的是市场广告，不再针对单一产品，即"本地"市场投放广告后该市场的所有产品订单均可进行选单。促销广告结束后"促销广告"按钮会消失，生成选单排名。经营诚信度(简称 OID)是反映企业经营信用程度的指标，与公司的运行行为关联。因此，投放战略广告非常重要，具有乘以该市场 OID 值的放大作用。OID 值初始一般为 10。战略广告在年中运行的各个时段都可以进行，年初和年末阶段不能进行战略广告投放。最终排名按照：企业知名度量化计算值＝该市场的 OID 值×(该市场当前年战略广告×第一年有效权重＋上一年战略广告×第二年有效权重＋前年战略广告×第三年有效权重)＋该市场当前的促销广告。

2. 选单

在年初，会有 10 分钟的第一轮选单和 5 分钟的第二轮选单。促销广告结束后界面会直接跳转到选单界面。选单流程：单击订单"＋"或"－"进行订单数量的选择，确定后单击"选单"按钮，并提示选单成功，如图 1-56 所示。

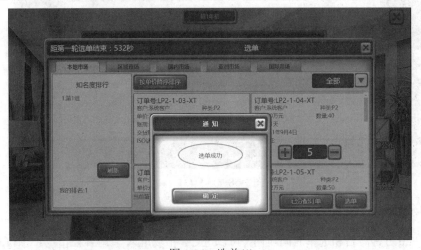

图1-56 选单(1)

第二轮选单方式相同，进行第一轮剩余订单的选择，如在第一轮没有选满，可以通过第二轮选单进行补救，如图 1-57 和图 1-58 所示。

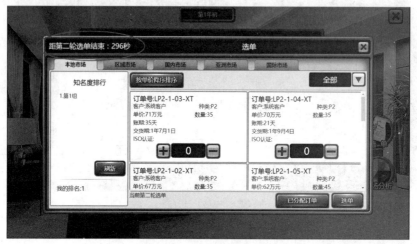

图 1-57　选单(2)

注意：

两轮如果选择同一张订单，则实际分配时会将两轮数量添加成同一张订单。一、二轮选单轮数之间可以通过"已分配订单"查看获取的订单。如果当前轮数选择订单数量过多或过少，则可以继续"＋""－"订单数量，并且单击"选单"按钮重新确认最终订单，实际选单按照最后一次单击"选单"按钮为准，如果第一轮已经结束，则第一轮获取的订单将无法修改。

分配标准按照排名先后进行订单的分配，优先满足排名靠前的需求，选单一共两次分配机会，分别在两轮选单结束。

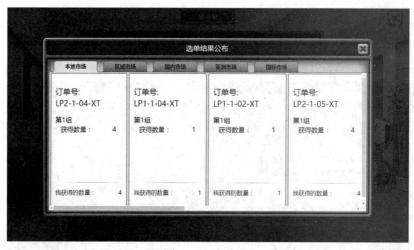

图 1-58　选单(3)

3. 市场准入

在年初 20 分钟广告和选单时间段内，可以进行"市场准入"(即开拓市场)操作。开拓资金花费"总经理"的钱,若总经理没有现金,则无法开拓。市场准入流程:左上角公司大厦→总经理办公室→资质开发→市场准入,如图1-59所示。

图1-59 市场准入

注意:

资质开发结束后可以选择具备相应资质的订单,如"区域市场"开发周期为1年。

4. ISO 认证

在年初 20 分钟广告和选单时间段内,可以进行"ISO 认证"操作。认证资金花费"总经理"的钱,若总经理没有现金,则无法认证。ISO 认证流程:左上角公司大厦→总经理办公室→资质开发→ISO 认证,如图1-60所示。

图1-60 ISO 认证

注意:

认证开发结束后可以选择具备相应认证的订单,开发周期为1年。

1.6.2 年中

当日期显示为×年×月×日时,即为进入年中阶段,如图1-61所示。

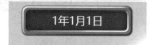

图1-61 进入年中运行阶段

1. 公司大厦

从界面左上角进入公司大厦,公司大厦分为5个岗位办公室:总经理办公室、财务部办公室、生产部办公室、采购部办公室、销售部办公室,如图1-62所示。

图1-62 公司大厦

1) 总经理办公室

总经理办公室显示界面包括头像、时间、资金情况、可操作按钮,如图1-63所示。

图1-63 总经理办公室

(1) 厂房调整。

对厂房进行购买或租用及续租操作，如图 1-64 所示。

图 1-64　厂房调整

注意：

租用厂房无法进行租转买。

(2) 预算申报。

预算申报是各个岗位从财务部获取资金的唯一方法，如图 1-65 所示。

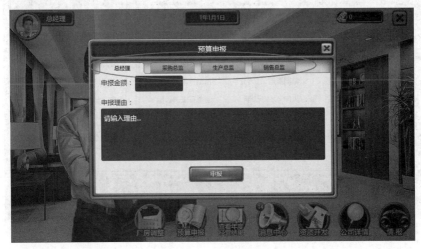

图 1-65　预算申报

注意：

在申报预算时，需选择自己当前岗位，输入申报金额进行申报操作，并且由财务部审批后即可获取资金。

(3) 消息中心。

消息中心用来查看所有岗位的资金运作情况，如图 1-66 所示。

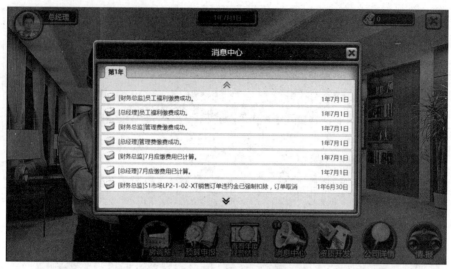

图 1-66　消息中心

(4) 产品资质开发。

在年中时间段内，可以进行"产品资质开发"操作。开发资金花费"总经理"的钱，若总经理没有现金，则无法开发。产品资质开发流程：左上角公司大厦→总经理办公室→资质开发→产品资质，如图 1-67 所示。

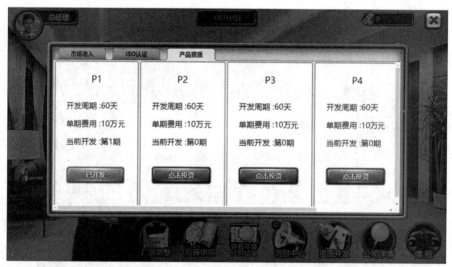

图 1-67　产品资质开发

注意：

到期需要手动进行下一个周期的研发。

(5) 公司详情。

公司详情可进行查看公司内所有岗位的当前情况，如资金状况、产品库存、原料库存、厂房状况、生产线状况、资质状况、操作人员、CSD 的集合、知名度的集合，如图 1-68 所示。

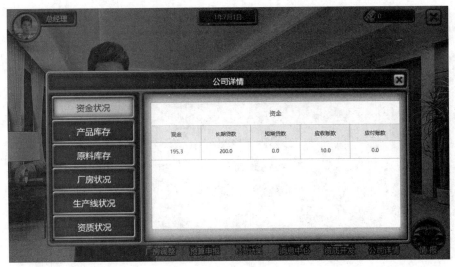

图 1-68　公司详情

(6) 情报。

情报即通过花费资金对其他组进行间谍活动，以获取信息。通过情报可以看到其他组公司一个月的情况。

2) 财务部办公室

财务总监办公室显示界面包括头像、时间、资金情况、可操作按钮，如图 1-69 所示。

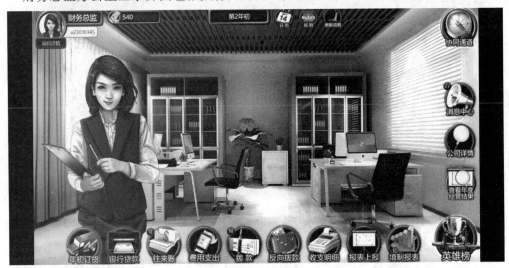

图 1-69　财务总监办公室

(1) 反向拨款。

当某个岗位资金过多时，可以进行资金的反向调拨，将其岗位资金拨回财务部，如图 1-70 所示。

图 1-70　反向拨款

(2) 费用支出。

费用支出是对每个月应交的费用进行手动缴纳，如图 1-71 所示。

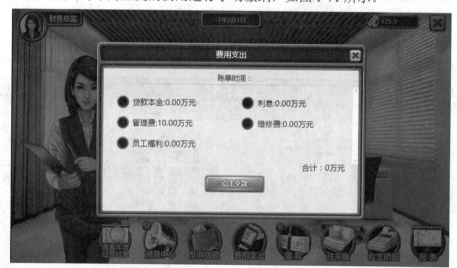

图 1-71　费用支出

注意：

各项应交费金额由系统计算生成，在当月 1 号到 30 号期间都可以进行费用支出操作。

(3) 拨款。

当某岗位进行资金申报时，财务部可以通过拨款操作进行批准或驳回操作。

当某岗位的申报没有进行"批准"或"驳回"操作时，当前岗位无法进行二次申报，如图 1-72 所示。

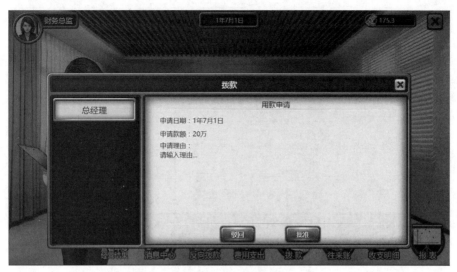

图 1-72　拨款

(4) 往来账。

往来账即应收款收现，需要进行手动收现操作，应收款贴现也在此进行操作，如图 1-73 所示。

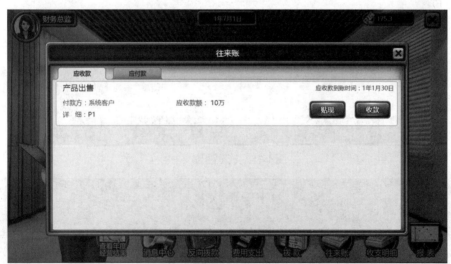

图 1-73　往来账

(5) 收支明细。

收支明细分为"收支明细"和"贷款明细"，可以查看所有岗位的各项资金流向和贷款的时间、金额及利息等，如图 1-74 和图 1-75 所示。

3) 采购部办公室

采购总监办公室显示界面包括头像、时间、资金情况、可操作按钮，如图 1-76 所示。

图1-74 收支明细

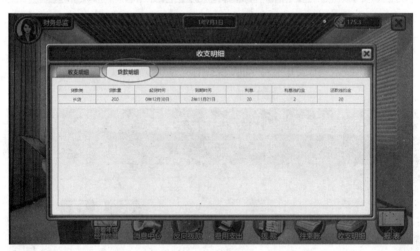

图1-75 贷款明细

图1-76 采购总监办公室

采购总监可查看原材料库存和原材料订单，如图1-77所示。

图1-77　查看原材料订单

4) 销售部办公室

销售总监办公室显示界面包括头像、时间、资金情况、可操作按钮，如图1-78所示。

图1-78　销售总监办公室

销售总监可查看产品的库存和详细订单及进行交货的操作，如图1-79所示。

注意：

订单交货分为"待交""完成""违约未完成""违约已交"和"违约取消"5种情况。

5) 生产部办公室

生产总监办公室显示界面包括头像、时间、资金情况、可操作按钮，如图1-80所示。

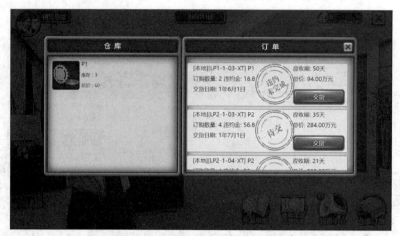

图1-79　查看销售订单交货情况

图1-80　生产总监办公室

2. 代工厂

代工厂界面如图1-81～图1-83所示。

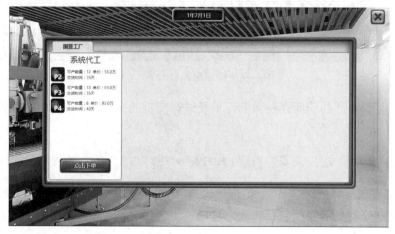

图1-81　代工厂(1)

图 1-82 代工厂(2)

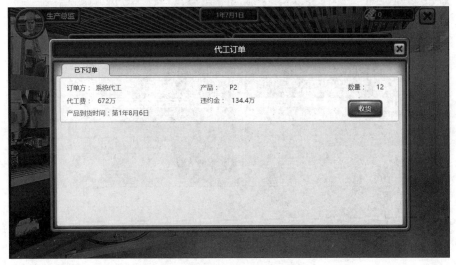

图 1-83 代工厂(3)

注意：

代工厂生产不需要原料、资质和工人，只需要在收货时交付代工费即可。

代工厂数量为当前市场所有组可用数量，即 1 组已代工 12 个 P2，则 2 组 P2 代工数量为 0。

代工厂数量每个季度 1 号会自动刷新，即 1 月 1 日、4 月 1 日、7 月 1 日、10 月 1 日。

代加工订单在"生产车间"→"厂房"→"代工订单"中查看。

收货扣款为生产总监资金。

3. 生产车间

生产车间界面如图 1-84～图 1-86 所示。

图 1-84 生产车间(1)

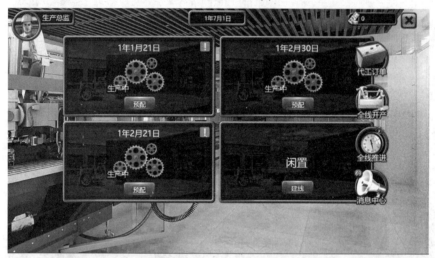

图 1-85 生产车间(2)

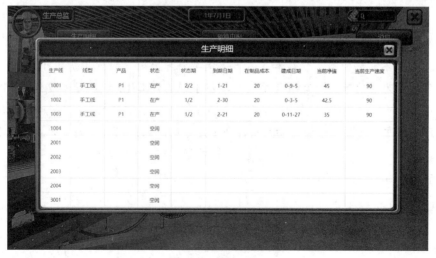

图 1-86 生产明细

1) 生产明细

生产明细可直观看到生产线所有明细。

2) 全线推进

当生产线在建、技改、转产、生产周期更换(即手工线 1 期和 2 期)时间到期后,可以进行"全线推进"操作,进入下一个阶段,如图 1-87 所示。

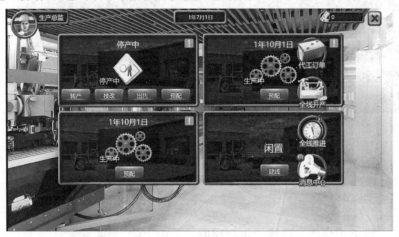

图 1-87　全线推进

3) 生产预配

对生产线预配原材料和工人,当开始生产后就可以进行下一次预配,不用等到产品下线,如图 1-88 所示。

图 1-88　生产预配

注意:

预配后跨年没有生产,原材料和工人将会在年末自动清空。

4) 生产线转产

生产线转产即进行生产线产品类型的转变,如图 1-89 所示。

图1-89 生产线转产

注意：

只有当生产线处于停产状态才可以进行"转产"操作。

5) 生产线技改

生产线技改可缩短当前生产线的生产周期，如图1-90所示。

图1-90 生产线技改

注意：

技改效果是永久的。

只有当生产线处于停产状态时才可以进行"技改"操作。

技改次数有限制，不会一直技改下去。

技改缩短的时间是原时间的10%。

6) 全线开产

全线开产即将停产或待产状态的生产线进行生产操作，如图1-91所示。

图 1-91　全线开产

注意：

开产条件为生产线必须是预配后的待产状态，生产总监有资金进行支付加工费。若有生产线不想进行生产，则需要先进行冻结操作。

4. 现货交易市场

现货交易市场即紧急采购原材料、出售原材料和紧急采购成品、出售成品，如图 1-92 所示。

图 1-92　现货交易市场

注意：

原材料的购入和出售操作所花费的资金为"采购总监"的钱，产品的购入和出售操作所花费的资金为"销售总监"的钱。

5. 战略市场大厦

战略市场大厦主要用于投放战略广告，将按照不同份额影响之后年份的知名度排行，如图 1-93 所示。

图 1-93　战略广告投放

注意：

战略广告的投放，广告资金花费"总经理"的钱，若总经理没有现金，则无法投放。战略广告份额按照60%、30%、10%影响第二年、第三年、第四年的知名度。

6. 银行

银行指进行贷款操作，如图 1-94 所示。

图 1-94　贷款操作

注意：

贷款份额短贷为10，长贷为20，即短贷数量为1，实际贷款额为10。右下角可以查看已贷额度和可贷额度。

7. 原料订货大厦

原料订货大厦可订购原材料，如图 1-95 所示。

图 1-95 原材料采购

注意:

原材料供应量为当前市场所有组数供应量,按年刷新。

原材料有质保期,过期后由系统自动收回。

原材料订单在"采购办公室"→"仓库订单"中查看。

1.6.3 年末

在年末,共有 5 分钟时间来计算填写报表和整理下一年规划。

1. 年度经营结果

年度经营结果如图 1-96 所示。

图 1-96 查看年度经营结果

年度经营结果在总经理办公室、财务部办公室、采购部办公室、销售部办公室→"查看年度经营结果"中即可查看,当前场地所有组的利润、权益和分数已经对应的排名均会展现。

2. 财务报表

财务报表如图 1-97 所示。

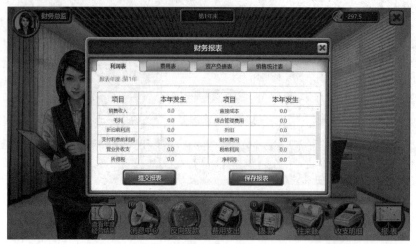

图 1-97　财务报表

年末阶段可通过单击财务部办公室的"报表"按钮，进行报表的填写和提交。

1.7　操作提示

1.7.1　市场规则

1. 市场划分与市场准入规则

市场规则简表如表 1-14 所示。手工沙盘企业目前在本地市场经营，新市场包括区域、国内、亚洲、国际市场，不同市场投入的费用及时间不同，只有市场投入全部完成后方可接单，各市场间没有必然的联系，可以有选择地开发其中若干个市场。而电子沙盘从零开始。

市场的开发投资按年度支付，允许同时开发多个市场，每个市场每年最多投资 1M，不允许加速投资，但允许中断。市场开发完成后持开发费用到指导教师处领取市场准入证，之后才允许进行该市场竞单。

表 1-14　市场规则简表

市场	开拓费用	开发时间	说明
本地	1M	1 年	手工沙盘已有此市场，电子沙盘需自己开发
区域	1M	1 年	各市场开发可同时进行
国内	2M	2 年	资金短缺时可随时中断或终止投入
亚洲	3M	3 年	开发费用按开发时间平均投入，不许加速投资
国际	4M	4 年	市场开拓完成后，领取相应的市场准入证

2. 销售会议与订单争取

销售预测和客户订单是企业生产的依据。

1) 销售会议

每年初各企业的营销总监都会与客户见面，并参加销售会议，根据市场地位、产品广告投入、市场广告投入和市场需求及竞争态势，按顺序选择订单。

2) 市场地位

市场地位是针对每个市场而言的。企业的市场地位根据上一年度各企业的实际销售额排列，销售额最高的企业称为该市场的"市场领导者"，俗称"市场老大"。市场老大不是一成不变的，是有可能改变的。

3) 广告投放

广告是分市场、分产品投放的，投入 1M 有一次选取订单的机会，以后每多投 2M 增加一次选单机会，但能否选上单则取决于市场需求、竞争态势等。例如，A 公司为第三年本地市场老大，它在 P2 产品上投放了 5M 广告费，获得三次选单的机会，但在第一轮选单完毕后，只剩下了一张订单，因此，A 公司只能实现二次重复选单，却不能实现三次重复选单。

在"广告报价单"中按市场、产品决定投放广告费用。9K 和 14K 是分指 ISO 9000 和 ISO 14000，如果希望获得标有"ISO 9000"或"ISO 14000"的订单，则必须在相应的栏目中投入 1M 且只需要 1M 的广告费，该投入对该市场的所有产品有效。

4) 客户订单

客户订单以卡片的形式表示。卡片上标注了市场、产品、产品数量、单价、订单价值总额、账期、特殊要求等。

(1) 订单上的账期代表客户收货时货款的交付方式。若为 0 账期，则现金付款；若为 3 账期，则表示客户付给企业的是 3 个季度到期的应收账款。

(2) 如果订单上标注了"ISO 9000"或"ISO 14000"，则要求生产单位必须取得相应的认证并投放了认证的广告费，两个条件都具备才能接此订单。电子沙盘只需要取得 ISO 资格即可，不需要打 ISO 的广告。

(3) 如果订单上有"加急!!!"字样，表示此订单为加急订单，则必须在第一季度交货，其余订单为普通订单，可以在当年内任一季度交货。如果不能按时交货，企业将受到以下处罚：①因不守信用市场地位下降一级，如果是市场老大没有按期交货，则市场地位下降后，本年该市场没有市场老大；②下一年该订单必须最先交货；③交货时扣除该订单总额的 20%(取整)作为违约金。

注意：

电子沙盘有多种交单期限。按订单交货可以提前，但不可以推后，违约收回订单，并按订单 20%比例扣违约金。此点与手工沙盘有区别。

5) 订单争取

客户订单是按市场划分的，选单次序如下：首先，由上一年在该市场的领导者最先选择订单。其次，按产品的广告投入量的多少，依次选择订单。若在同一产品上有多家企业的广告投入相同，则按该市场上全部产品的广告投入量决定选单顺序；若市场的广告投入量也相同，则按上年订单销售额的排名决定顺序，否则通过招标方式选择订单。

说明：

市场老大要想获得选单机会，至少要投 1M 的广告费。无论投入多少广告费，每次只能选择 1 张订单，然后等待下一次选单机会。各个市场的产品数量是有限的，并非打广告一定就能得到订单；能分析清楚"市场预测"并且"商业间谍"得力的企业，一定占据优势。

1.7.2 企业运营规则

现实生活中，企业需要遵循分门别类、名目繁多的各项法律、法规和产品开发、生产运作、资金融通的原则。在本实训中，企业运营规则简要归结为以下 7 个方面。

1. 厂房购买、租赁与出售

厂房购买、租赁与出售价表如表 1-15 所示。购买厂房后，将购买款放在厂房价值处，表明该厂房的价值，厂房不提折旧；租赁厂房的租金，放在综合费用区的租金项；出售厂房收入计入 4Q 应收款，不是可以马上使用的现金，急需用钱可以贴现。如果厂房里仍有生产线，则需要马上支付租金。

表 1-15 厂房购买、租赁与出售价表

厂房	买价	租金	售价	容量
大厂房	40M	5M/年	40M(4Q)	6 条生产线
小厂房	30M	3M/年	30M(3Q)	4 条生产线

2. 生产线购买、转产、维护、出售折旧

生产线购买、转产、维护、出售表如表 1-16 所示。

表 1-16 生产线购买、转产、维护、出售表

生产线	买价	安装周期	生产周期	转产周期	转产费用	维护费用	出售残值
手工线	5M	无	3Q	无	无	1M/年	1M
半自动	10M	2Q	2Q	1Q	1M	1M/年	2M
全自动	15M	3Q	1Q	1Q	2M	1M/年	3M
柔性线	20M	4Q	1Q	无	无	1M/年	4M

(1) 购买：投资新生产线时按安装周期平均支付投资，全部投资到位的下一个季度领取产品标识开始生产，因此，投资完成后的下一个季度才算生产线建成。生产线建成后，不得在各厂房间移动。

(2) 转产：现有生产线转产生产新产品时可能需要一定转产周期并支付一定转产费用，最

后一笔费用支付到期一个季度后方可更换产品标识。注意，只有空的并且已经建成的生产线方可转产。

(3) 维护：当年在建的生产线和当年出售的生产线不用交维护费；当年建成的生产线要交维护费。

(4) 出售：无论何时出售生产线，价格均为残值，该部分转换为现金；净值与残值之差计入损失(综合费用——其他)。在交维护费之前已出售的生产线，当年不用交维护费。例如，B公司现欲出售半自动生产线一条，若其净值为2M，等于出售残值，则直接将净值2M转换为现金；若净值为4M，大于残值2M，则将相当于残值的2M净值转换为现金，另外2M净值计入综合费用中的其他费用。

(5) 折旧：折旧采用5年平均年限折旧法。当年建成的生产线不提折旧；当生产线净值等于残值时，不再计提折旧。生产线折旧表(平均年限法)如表1-17所示。

表1-17 生产线折旧表(平均年限法)

生产线	购置费	残值	建成第一年	建成第二年	建成第三年	建成第四年	建成第五年
手工线	5M	1M	0	1M	1M	1M	1M
半自动	10M	2M	0	2M	2M	2M	2M
自动线	15M	3M	0	3M	3M	3M	3M
柔性线	20M	4M	0	4M	4M	4M	4M

3. 产品构成与产品生产

产品研发完成后，即可生产。生产不同的产品需要不同的原料，具体的产品构成与成本如表1-18所示。

表1-18 产品构成与成本

产品	产品成本构成			直接成本
P1	1M 加工费	1R1		2M
P2	1M 加工费	1R1	1R2	3M
P3	1M 加工费	2R2	1R3	4M
P4	1M 加工费	1R2	1R3	2R4	5M

(1) R1红币、R2橙币、R3蓝币、R4绿币均为原材料，每个价值均为1M。

(2) 生产上述产品所需支付的加工费相同，均为1M/个产品，用灰币代表。每条生产线同时只能有一个产品在线生产，开始生产时按产品结构要求将原料放在生产线上，并支付1M加工费开始生产。

4. 原材料采购

原材料采购涉及两个环节，即签订采购合同和按合同收料。签订采购合同时，要注意采购提前期，R1、R2需要提前一期下订单，R3、R4需要提前两期下订单，到期方可取料，早了会造成原材料积压，占用资金；晚了会造成停工待料，影响生产效率。

用空桶表示原材料订货,将其放在沙盘盘面相应的原材料订单上,并记入采购登记表订购数量的相应栏目,订货时不付款。货物到达时,必须照单接收,即按合同收料并支付原材料费,同时记入采购登记表采购入库的相应栏目。

5. 产品研发

产品的研发时间与投资如表 1-19 所示。新产品的研发投资可以同时进行,按研发周期平均支付研发投资。资金短缺时,可以随时中断或终止投资。全部投资完成后的下一周期方可开始生产,但可提前在年初接订单。

当年研发投资计入当年综合费用,研发投资完成后持全部投资换取产品生产资格证。

表 1-19 产品的研发时间与投资

产品	P1	P2	P3	P4	备注说明
研发时间	2Q	4Q	6Q	6Q	手工沙盘已可生产 P1,电子沙盘需先研发;研发时间可以延期,但不能加速投资
研发投资	2M	4M	6M	12M	

6. ISO 认证

ISO 认证体系的持续时间和认证费用如表 1-20 所示。两项认证投资可同时进行,按持续时间平均支付认证费用。投资完成后持全部费用换取相应的 ISO 资格证。当年认证投资计入当年综合费用。

表 1-20 ISO 认证体系

ISO 认证体系	ISO 9000 质量认证	ISO 14000 环境认证	备注说明
持续时间	2 年	3 年	认证时间可以延期,但不能提前
认证费用	2M	3M	

注意:

电子沙盘 ISO 14000 的开发周期为 2 年,费用为 2M/年。

7. 融资贷款与资金贴现

融资贷款与资金贴现表如表 1-21 所示。

表 1-21 融资贷款与资金贴现表

贷款类型	办理时间	最大额度	利息率	还本付息时间	贷/息
长贷(5 年)	年末	上年权益 2 倍	10%	年底付息,到期还本	20M/2M
短贷(1 年)	季初	上年权益 2 倍	5%	到期还本、付息	20M/1M
高利贷(1 年)	随时	与银行协商	20%	到期还本、付息	20M/4M
资金贴现	随时	视应收款额	1/8	变现付息	8M/1M
库存拍卖	随时	原材料八折,成品原价			

说明：

本年长期贷款的最大额度＝上年权益×2－已贷长期贷款，短期贷款同理。贷款以20M及20M的整数倍为单位；资金贴现以8M及8M的整数倍为单位，每8M的应收款缴纳1M的贴现费用，放入综合费用区的贴息栏，其余7M作为现金放入现金库。长期贷款在贷款的次年开始支付利息，当年还的长贷该年也要交利息。手工沙盘的长期贷款时间在年末。

注意：

电子沙盘长期贷款时间在年初，付息也在年初，贷款年限可在2～5年中选择，贷款以10的倍数为单位。长短贷合计贷款额度为上年权益的3倍。1、2期应收款贴息率为1/10，3、4期应收款贴息率为1/8。电子沙盘中没有高利贷。

8. 综合费用与折旧、税金、利息

(1) 综合费用：行政管理费(每个季度1M)、市场开拓、产品研发、ISO认证、广告费、生产线转产、设备维修、厂房租金等计入综合费用。

(2) 折旧：设备折旧按平均年限法计算。当年建成的生产线不提折旧，当生产线净值等于残值时，也不再计提折旧。

(3) 税金：每年所得税计入应付税金，在下一年年初缴纳。

(4) 利息：利息、贴息等费用在利润表(损益表)中单列为财务支出，不计入综合费用。

1.7.3 编制财务报表说明

利润表的编制如表1-22所示。

表1-22 利润表的编制(以起始年为例)

单位：白力元

序号	项目		上年	本年	数据来源
1	销售收入	＋	35	32	产品核算统计表中的销售额合计
2	直接成本	－	12	12	产品核算统计表中的成本合计
3	毛利	＝	23	20	产品核算统计表中的毛利合计
4	综合费用	－	11	9	综合管理费用明细表的合计
5	折旧前利润	＝	12	11	序号3行数据－序号4行数据
6	折旧	－	4	4	盘点盘面上的折旧数据
7	支付利息前利润	＝	8	7	序号5行数据－序号6行数据
8	财务收入/支出	＋/－	4	4	支付借款、高利贷利息和贴息计入财务支出
9	其他收入/支出	＋/－			其他财务收支
10	税前利润	＝	4	3	序号7行数据－(＋)序号8、9行数据
11	所得税	－	1	1	序号10行数据为正数时除以3取整
12	净利润	＝	3	2	序号10行数据－序号11行数据

提示：

① 如果前几年净利润为负数，今年的盈利可先用来弥补以前的亏损，然后再计算交税。

② 税前利润＝支付利息前利润－财务支出－其他支出＋财务收入＋其他收入。

资产负债表的编制如表1-23所示。

表1-23　资产负债表的编制(以起始年为例)

单位：百万元

资产		年初	本年(数据来源)	负债＋所有者权益		年初	本年(数据来源)
流动资产：				负债：			
现金	＋	20	42 (盘点现金库中现金)	长期负债	＋	40	40 (除1年到期长贷)
应收款	＋	15	0 (盘点应收账款)	短期负债	＋	0	0 (盘点短期借款)
在制品	＋	8	8 (盘点线上在制品)	应付款	＋	0	0 (盘点应付账款)
成品	＋	6	6 (盘点库中成品)	应交税金	＋	1	1 (根据本年度利润表中的所得税填列)
固定资产：				所有者权益：			
原料	＋	3	2 (盘点原料库中原料)	1年到期的长贷	＋		(盘点1年到期长贷)
流动资产合计	＝	52	58 (以上5项之和)	负债合计	＝	41	41 (以上5项之和)
土地和建筑	＋	40	40 (厂房价值之和)	股东资本	＋	50	50 (股东不增资的情况下为50)
机器设备	＋	13	9 (设备净值之和)	利润留存	＋	11	14 (上一年利润留成＋上一年年度净利)
在建工程	＋		(在建设备价值之和)	年度净利	＋	3	2 (利润表中净利润)
固定资产合计	＝	53	49 (以上3项之和)	所有者权益	＝	64	66 (以上3项之和)
总资产	＝	105	107 (流动资产＋固定资产)	负债＋权益	＝	105	107

1.8　市场预测报告

这是由一家权威的市场调研机构对未来6～8年中各个市场的需求的预测，应该说这一预测有着很高的可信度。但根据这一预测进行企业的经营运作，其后果将由各企业自行承担。

P1产品是目前市场上的主流技术，P2作为对P1的技术改良产品，也比较容易获得大众的认同。P3和P4产品作为P系列产品中的高端技术，各个市场上对它们的认同度不尽相同，需求量与价格也会有较大的差异。

1.8.1　6组竞赛市场预测

根据本地市场 P 系列产品的预测情况(如图 1-98 所示)，本地市场将会持续发展，客户对低端产品的需求可能要下滑。伴随着需求的减少，低端产品的价格很有可能会逐步走低。后几年，随着高端产品的成熟，市场对 P3、P4 产品的需求将会逐渐增大。同时随着时间的推移，客户的质量意识将不断提高，后几年可能会对厂商是否通过了 ISO 9000 认证和 ISO 14000 认证有更多的要求。

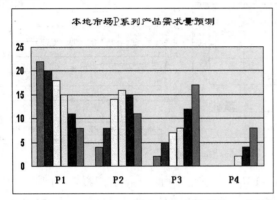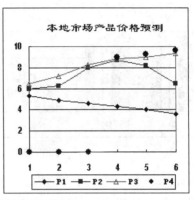

图 1-98　本地市场 P 系列产品的预测情况

注：图 1-98 中左侧图的纵坐标表示产品的需求量(个数)，横坐标每组柱状体表示 P 系列产品在 6 年(或 8 年)中的每一年；右侧图纵坐标表示价格，横坐标表示年份。以下各图同。

根据区域市场 P 系列产品的预测情况(如图 1-99 所示)，区域市场的客户对 P 系列产品的喜好相对稳定，因此市场需求量的波动也很有可能会比较平稳。因其紧邻本地市场，所以产品需求量的走势可能与本地市场相似，价格趋势也应大致一样。该市场的客户比较乐于接受新的事物，因此对于高端产品也会比较感兴趣，但由于受到地域的限制，该市场的需求总量非常有限。另外，该市场上的客户相对比较挑剔，因此在后几年客户会对厂商是否通过了 ISO 9000 认证和 ISO 14000 认证有较高的要求。

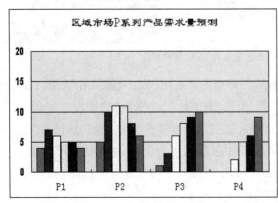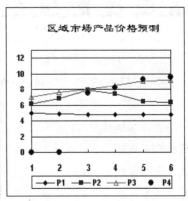

图 1-99　区域市场 P 系列产品的预测情况

国内市场 P 系列产品的预测情况如图 1-100 所示。因 P1 产品带有较浓的地域色彩，估计国内市场对 P1 产品不会有持久的需求。但 P2 产品因为更适合国内市场，所以估计需求会一直比较平稳。随着对 P 系列产品新技术的逐渐认同，估计对 P3 产品的需求会发展较快，但这个市场上的客户对 P4 产品却并不是那么认同。当然，对于高端产品来说，客户一定会更注重产品的质量认证。

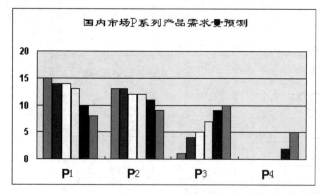
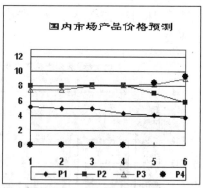

图 1-100　国内市场 P 系列产品的预测情况

亚洲市场 P 系列产品的预测情况如图 1-101 所示。这个市场上的客户喜好一向波动较大，不易把握，所以对 P1 产品的需求可能起伏较大，估计 P2 产品的需求走势也会与 P1 相似。但该市场对新产品很敏感，因此估计对 P3、P4 产品的需求会发展较快，价格也可能不菲。另外，这个市场的消费者很看重产品的质量，所以在后几年里，如果厂商没有通过 ISO 9000 和 ISO 14000 的认证，其产品可能很难销售。

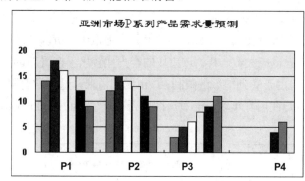
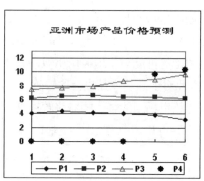

图 1-101　亚洲市场 P 系列产品的预测情况

进入国际市场可能需要一个较长的时期。国际市场 P 系列产品的预测情况如图 1-102 所示，有迹象表明，目前这一市场上的客户对 P1 产品已经有所认同，需求也会比较旺盛。对于 P2 产品，客户将会谨慎地接受，但仍需要一段时间才能被市场所接受。对于新兴的技术，这一市场上的客户将会以观望为主，因此对 P3 和 P4 产品的需求将会发展极慢。因为产品需求主要集中在低端，所以客户对于 ISO 的要求并不如其他几个市场那么高，但也不排除在后期会有这方面的需求。

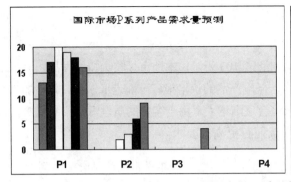
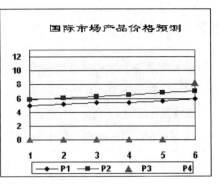

图 1-102　国际市场 P 系列产品的预测情况

关于市场预测的简略分析如下。

1) 本地市场

本地市场的总体需求量大，P1 呈现明显的下降趋势，与之相反的是 P3 呈现明显的上升趋势，P2 是先升后降。前三年，P1 产品利润空间大，P2、P3 价格迅速上涨；第四年，本地市场 P2 价格在各个市场中价格最高。如此说来，在第一、二年，本地市场对目前的企业(生产能力弱)现有的产品(技术含量低)来说是一个不错的生存市场，第三年后，该市场可以成为扩大再生产及开发新市场的有力后盾。

2) 区域市场

区域市场的开发周期短，市场容量不是很大，但 P4 需求较大，产品价格较平稳。若在竞争不太激烈的情况下，可以考虑作为企业的利基市场，但如果竞争激烈，其价值有限。因此，区域市场的问题在于如何有效利用产品需求。

3) 国内市场

国内市场的 P1、P2、P3 市场容量明显大于区域市场，P1、P2 略呈下降趋势，P3 呈现较明显的上升趋势，P4 需求不大，产品价格相对平稳，P1、P2 价格较好。由于其开发周期与产品的研发周期接近，因此，很可能会成为各企业为开拓新市场、增加销售而争夺的焦点。

4) 亚洲市场

亚洲市场的开发周期较长，高端产品价格平稳，市场容量略高于平均水平，P1、P2、P3 市场容量明显大于区域。由于后几年各企业产能都可能有所扩大，占领新市场将成为一些企业的追求，因此，第四年在激烈的竞争中可能会成为广告的重地，如果竞争不激烈，也极有可能成为独家的舞台。因而，掌握竞争对手的市场开拓信息非常重要。

5) 国际市场

国际市场是一个非常独特的市场，其独特性并不在于其开发周期最长，而在于从所有年份来看，对 P1 的需求都非常旺盛，在各市场 P1 需求量和价格都普遍下降的情况下，在国际市场中 P1 的价格却节节攀升，后期在所有市场所有产品中利润率最高，且维持较高的需求，利润空间非常可观。其独特性还表现在该市场对 P3、P4 几乎无需求，对 P2 的需求在其他市场呈下降的趋势下反而呈现上升趋势，虽然规模不是很大，第六年也与国内市场和亚洲市场持平，高于区域市场。这种独特性，也许可以成为制胜，甚至反败为胜的奇兵。

1.8.2　12 组竞赛市场预测

根据本地市场 P 系列产品的预测情况，如图 1-103 所示，本地市场将会持续发展，对低端产品的需求可能要下滑，伴随着需求的减少，低端产品的价格很有可能走低。后几年，随着高端产品的成熟，市场对 P3、P4 产品的需求将会逐渐增大。由于客户的质量意识不断提高，后几年可能对产品的 ISO 9000 和 ISO 14000 认证有更高的要求。

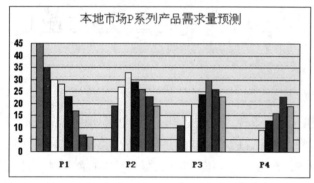
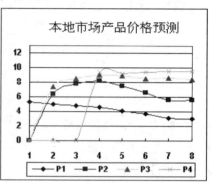

图 1-103　本地市场 P 系列产品的预测情况

根据区域市场 P 系列产品的预测情况，如图 1-104 所示，区域市场的客户相对稳定，对 P 系列产品需求的变化可能比较平稳。因紧邻本地市场，所以产品需求量的走势可能与本地市场相似，价格趋势也大致一样。该市场容量有限，对高端产品的需求也可能相对较小，但客户会对产品的 ISO 9000 和 ISO 14000 认证有较高的要求。

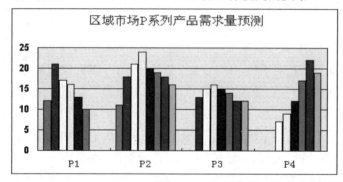
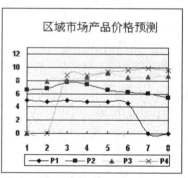

图 1-104　区域市场 P 系列产品的预测情况

国内市场 P 系列产品的预测情况如图 1-105 所示。因 P1 产品带有较浓的地域色彩，估计国内市场对 P1 产品不会有持久的需求。但 P2 产品因更适合国内市场，估计需求会一直比较平稳。随着对 P 系列产品的逐渐认同，估计对 P3 产品的需求会发展较快，但对 P4 产品的需求就不一定像 P3 产品那样旺盛了。当然，对高价值的产品来说，客户一定会更注重产品的质量认证。

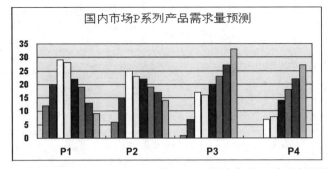 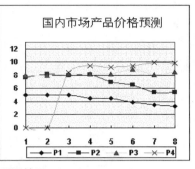

图 1-105　国内市场 P 系列产品的预测情况

亚洲市场 P 系列产品的预测情况如图 1-106 所示。这个市场一向波动较大，所以对 P1 产品的需求可能起伏较大，估计对 P2 产品的需求走势与 P1 相似。但该市场对新产品很敏感，因此估计对 P3、P4 产品的需求量会发展较快，价格也可能不菲。另外，这个市场的消费者很看重产品的质量，所以没有 ISO 9000 和 ISO 14000 认证的产品可能很难销售。

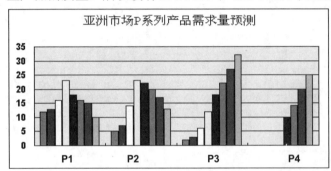 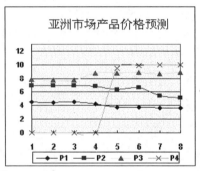

图 1-106　亚洲市场 P 系列产品的预测情况

P 系列产品进入国际市场可能需要一个较长的时期。国际市场 P 系列产品的预测情况如图 1-107 所示，有迹象表明，该市场对 P1 产品已经有所认同，但还需要一段时间才能被市场接受。同样，对 P2、P3 和 P4 产品也会很谨慎地接受，且需求发展较慢。当然，国际市场的客户也会关注具有 ISO 认证的产品。

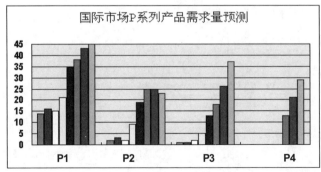 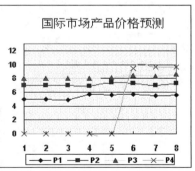

图 1-107　国际市场 P 系列产品的预测情况

第二篇 操作篇

思路决定出路,格局决定结局。

企业为什么需要战略?根本原因是资源有限。战略没有好坏,只有适合和不适合,适合自己的战略就是最好的战略。

2.0 开篇语

也许你已经迫不及待地想动手操作了,且慢!在进行模拟企业的实际操作前,你和你的团队必须解决以下 3 个问题:一是彻底弄懂导入篇所讲的市场规则和企业运行规则,这是企业有效运行的基础;二是基于导入篇所提供的市场预测,制定企业的发展战略,明确企业的发展方向和目标,这是取胜的关键;三是严肃组织纪律,使企业能在 CEO 的统一指挥下,严格按照企业流程各司其职,协调运作,这是成功的保障。

2.0.1 关于运行规则

　　了解规则并用好规则，是模拟企业顺利有效经营的基础。运行规则并不是只要 CEO 掌握就行了，其实每个人都应该熟练掌握，特别是涉及你所负责业务部分的规则。对于规则，要彻底弄懂，而不是想当然的似懂非懂。在实训过程中，我们发现错误最多的是关于市场老大的作用和地位与广告和选单的关系；关于新生产线的折旧与维护费出错的人也很多；还有就是贷款的更新与利息、新产品的上市与广告的顺序、不同产品的成本核算等。在本实训中，原材料的订货与采购应该比较简单，可是还有很多人出错，要么是不清楚订货与采购的关系，要么是订货采购得太早，以至于材料积压在原材料库中迟迟不能用等，不一而足。

　　接下来，在实际操作中，不同角色的用表填法不同。CEO 的用表主要是控制企业按流程运行，在完成每项工作后画钩即可。财务总监的企业运行流程表中主要填写的是现金流入、流出的数字，不涉及现金流入、流出的项目不填写数字，画钩、叉或星号即可；在资产负债表中，产成品和在制品科目填的是产成品和在制品的价值金额，而不是个数。营销总监用表填写的是产成品的数量，生产总监填的是在制品的数量，采购总监用表填写的是原材料订货和采购的数量。COO 的用表与 CEO 为同一个表，主要是监督企业按流程运行，在团队成员完成每项工作后画钩。专门的情报人员使用营销总监的用表。

　　另外要特别说明的是，应严格按照模拟企业运行流程一步步运作，不要跳跃式运行。短期贷款是每个季初都能贷，而长期贷款只有年底(电子沙盘在年初)才能贷。在现金流运行到年底时就要决定是不是要增加长期贷款，而不是等到结完账后，甚至是下一年已经开始运行时，才想要长期贷款。

　　关于竞争的胜负，不光看你当前的所有者权益，还要看你企业的发展潜力。切记！

2.0.2 关于战略选择

　　企业经营犹如在波涛汹涌的大海中航行。航船要驶向希望的彼岸，就离不开罗盘和舵柄。企业要在瞬息万变的竞争环境中生存和发展，也离不开企业战略的指引。用马云先生的话来说："小公司的发展战略就是：活下来，挣钱！"因此，我们在制定发展战略时，一定要注意控制发展速度。此举并非是提倡墨守成规、停滞不前，而是要注意发展的速度要与企业权益和财务状况平衡发展才能相得益彰，这也是管理的精髓之一，是"适度"的问题(参阅 3.9 节的阅读材料 2：跑马圈地、以快制胜的误区)。

　　一些实训团队在制定企业发展战略时，豪情万丈，气吞山河，大有扫平天下的感觉：一上来就拼命铺设全自动和柔性生产线，研发全系列产品，开发全部市场，融资用到了极限。结果是财务费用、研发费用、市场开拓费用等支出巨大，再加上生产线折旧等，公司权益下降迅速，致使权益为负或现金断流，不得不挥泪宣告破产。为此，各企业在制定战略时，一定不要脱离企业的实际，要懂得量力而行；当然，过于保守也不行。

正确的做法是，由于资源有限，企业在一定时期内，只能做有限的事，因此，目标一定要明确。具体到我们的实训中，就是要思索并回答以下几个问题。

1. 想成为什么样的公司

我们想成为什么样的公司，如：规模，是大公司还是小公司；生产产品，是多品种还是少品种；市场开拓，是许多市场还是少量市场；是努力成为市场领导者还是追随者。例如，C公司拟采取"全部市场+有限产品的策略"，所以，第一年只在本地市场投了2M广告费，销售了部分P1产品。在随后的第二年，C公司仍然只生产P1产品，并用较低的广告费用售出了一部分P1产品。C公司第一时间开发了所有市场，却并没有开发新产品。正当人们认为其发展滞后时，C公司在第三年年初跳过P2、P3产品，直接开发了P4产品，并开建一条P1产品的全自动生产线，保留一条P1产品的半自动生产线。在第三年4Q变卖了手工生产线，开始投资建设4条P4产品的全自动生产线。在第四年2Q与P4产品的研发同步完成，3Q开始生产P4。从第四年开始，由于其独家生产P4产品，所以包揽了P4产品的市场。第五年，由于有4条全自动生产线全力生产P4产品，所以C公司在本地、区域、国内和亚洲4个有P4产品需求的市场上，均以3M广告费实现了重复选单，C公司P4产品席卷了各个市场，并进行了P1产品向国际市场的转移。由于其P1产品的储备够多和仍保留的产能，所以在国际市场实现了P1产品的多次选单，抢占了国际市场的老大地位。第六年发展更是锦上添花，由于国际市场P1的利润率很高，其余各市场P4的利润率也很可观，C公司的权益大幅攀升。最终，C公司用3年的时间实现了大逆转，赢得了竞赛。

2. 倾向何种产品和何种市场

在资源有限的约束条件及很多情况下，放弃比不计代价地攫取更明智。我们不可能全面开花、面面俱到，因此要选取重点市场和重点产品。例如，A公司第一年在本地市场投放了8M广告费，夺得了市场老大的地位，早早地确立了自己的"主战场"。由于本地市场是综合需求量最大的一个市场，于是，A公司在随后的发展过程中变卖了手工生产线，在大厂房里新置了5条全自动生产线，开发了P2、P3产品，跳过区域市场，又开发了国内和亚洲市场，实现了产能与市场之间的平衡，持续稳健地发展。在企业融资和广告费用等方面节约了大量成本，健康发展到第六年，最终取得了第一的成绩。

又如，F公司第一年以5M的平均广告费投入获得了平均销量。第二年研发了P2产品，投资了2条P2产品全自动生产线，并开发了全部市场。第三年开发了P3产品，变卖了2条手工生产线，新建了2条P3产品全自动生产线。第四年开始大规模销售P2、P3产品，并取得了亚洲市场的老大地位。然而，此时由于各公司均大量生产P2、P3产品而趋于饱和，广告费竞争也非常激烈，于是，F公司在这一年决定开辟新的蓝海——研发P4产品。第五年，F公司开始低成本销售P4产品，同时放弃一些利润率低的产品市场。六年经营结束，F公司凭借这种始终灵活转变的策略，最终赢得了竞赛的胜利。

放弃也是一种美，有时放弃比占有更重要。"打完'江山'后，我们自然会想到保'江山'"，但值得我们注意的是，我们要保有价值的"江山"，对于竞争激烈、利润空间小的市场要敢于放弃，依据自己的产品组合和竞争状况寻找新的市场，不断地"丢芝麻，捡西瓜"。

3. 计划怎样拓展生产设施和生产能力

生产线是产品加工的载体。本沙盘有手工、半自动、全自动和柔性4种生产线。不同的生产线，其购置价格、生产效率、折旧费用及转产的灵活性都各不相同，因此，生产总监应会同财务总监、营销总监及CEO依据本公司的发展经营战略和财务状况选择恰当的时机投资恰当的生产线。具体来说，就是为了有效扩大生产能力，我们需要思考并回答：购置什么样的生产线？什么时候购买和购买多少？为此，需要考虑以下几方面因素。

(1) 生产线的安装周期。如果计划在第二年1Q生产P3产品，则应在第一年1Q开始投资建设柔性生产线，或者在第一年2Q开始投资建设全自动生产线。

(2) 产品研发周期。例如，P3、P4产品研发周期需要6Q，为避免生产线闲置，可将该P3产品全自动生产线调整在第一年4Q开始投资；第二年2Q，生产线安装和产品研发同时完成，3Q开始生产。

(3) 生产线的折旧。生产线的折旧影响公司的权益，而权益又决定了公司融资规模的大小和是否破产等，因此，生产线的折旧直接影响公司的财务状况。由于当年建成的生产线在当年不提折旧，所以应考虑生产线的建成时机，尽量增加新生产线建成当年的使用时间，特别是在财务状况紧张的时候。

(4) 生产线的种类组合需要考虑产品研发的种类及市场开拓的情况。一般来讲，如果采取积极扩张的战略，则倾向于全自动和柔性的生产线；如果采取稳健发展的策略，则可考虑半自动和全自动生产线，并控制生产线的数量。

在实际操作中，柔性生产线是一把"双刃剑"，它的优点在于可以灵活快速地调整企业的产品生产组合，方便营销总监接取订单。然而，缺点亦在其中，首先，其投资成本较高，折旧费用较大；其次，柔性生产线的存在对于原材料的采购、生产的组织等都产生了一定的影响。因此，生产线组合及安装的前提是，制定合理、详细的企业发展战略，在此框架的指导下，做好企业的现金预算分析，才能保证生产线选择的合理性。

(5) 编制生产计划和投资计划。生产总监要与CEO、营销总监确定当年销售的产品重点，在营销总监投广告前做出生产安排计划，向营销总监告知本年企业可能生产的产品种类及数量。营销总监拿到当年销售订单后，结合订单情况和企业资金情况重新修正确定当年的生产计划、生产线投资计划等，如表2-1所示。

不同生产线的产能计算如下。

$$当年某产品可接订单量 = 期初库存 + 本年产量$$

表 2-1 产品生产及设备投资计划表

生产线		第一年				第二年				第三年			
		一季度	二季度	三季度	四季度	一季度	二季度	三季度	四季度	一季度	二季度	三季度	四季度
手工线	产品生产					P1→	→	→	P1	→	→	P2	→
	设备投资	5											
半自动线	产品生产					P1→	→	→P1	→	→P1	→P1	→P1	→
	设备投资	5	5										
全自动线	产品生产						→P2	→P2	→P2	→P2	→P2	→P2	→
	设备投资	5	5	5	5								
柔性线	产品生产						→P2	→P2	→P2	→P1	→P1	→P2	→
	设备投资	5	5	5	5								
合计	完工产品					2P1	2P2	1P1+2P2	1P1+2P2	2P1+1P2	P1+P2	1P1+3P2	2P2
	设备投资	15	15	10	10								

如表 2-2 所示为不同生产线的产能表。

表 2-2 不同生产线的产能表

生产线类型	年初在制品状态	各季度完成的生产				年生产能力
		1	2	3	4	
手工线 4 种状态	○ ○ ○	□	□	□	■	1
	○ ○	□	□	■	□	1
	○ ● ○	□	■	□	□	1
	○ ○ ●	■	□	□	■	2
半自动线 3 种状态	○ ○	□	□	■	□	1
	● ○	□	■	□	■	2
	○ ●	■	□	■	□	2
柔性/全自动生产线 2 种状态	○	□	■	■	■	3
	●	■	■	■	■	4

注:"●"表示在线产品的位置,即在制品处于生产线生产周期的位置;"○"表示生产线上年初的在制品已经经过或尚未经过的生产过程;"■"表示生产线有完工产品的时期;"□"表示生产线无完工产品的时期。

尽量将生产线折旧与其能给企业带来的利润相匹配,生产线应在有限的使用期内发挥其最大的效能。由于生产线建成当年不计提折旧,而在第二年进行计提折旧,因此生产线的建设在与产品研发配套的基础上,应尽量使建成的生产线在当年产生最大的价值,即尽量获得高额的投资回报,这样可以最大限度地增加企业建设生产线当年的收益,以缓解生产线投资为企业带来的资金压力。

4. 计划采用怎样的融资策略

现金流是企业生存的"命脉",企业失去现金流将意味着倒闭破产。融资的方式有长期贷款、短期贷款、应收款贴现、出售厂房和设备、拆借等,以及高利贷,但高利贷方式应尽量避免使用。每种融资方式的特点和适用性都有所不同,企业要根据发展规划,做好融资计划,以保证企业的正常运转,切不可因小利而影响整个规划的实施。

值得注意的是,融资手段不应过于单一,而应是多种融资手段的最佳组合。如何巧妙地处理各种融资手段之间的关系,以最低的成本获取最合适的融资是财务总监的重要职责。例如,长短期贷款是公司的主要融资手段。长期贷款的费用成本高于短期贷款,但还款压力较小;短期贷款的利息成本较低,但还款压力较大,尤其是在前期,公司的权益可能下降较大,影响公司的贷款能力。因此,需要对企业的经营战略、运营状况做一个长期、细致的分析,才能正确把握贷款时机并合理调整长期贷款和短期贷款之间的比例关系,在满足现金需求的情况下,使总的费用成本降到最低。

资金贴现是企业为缓解暂时性资金紧张而采取的融资方式,其前提是要有应收款。在实际操作中,应注意贴现的比例,一般来讲,应首先考虑贴现账期较长的应收款。

高利贷是手工沙盘中费用成本最高的一种融资方式,对公司的权益损失较大,会使公司财务状况进一步恶化,因此,一般不提倡使用。企业要尽量考虑其他的融资方式和途径,只有在迫不得已的情况下,才考虑高利贷融资方式。

在开始实际操作前,每个管理团队都应对上述问题进行深入探讨并达成共识。每一年经营下来,都需要反思我们的行为,聆听指导教师根据现场数据所做的点评,分析实际与计划的偏差及其原因,并对战略做出必要的修正。

2.0.3 关于团队协作

本次实训虽然说是模拟企业 6 年(电子沙盘 7 年)的经营,但在盘面上的运作只有短短 3 天的时间。作为一个临时组成的管理团队,能否尽量缩短磨合时间,立即进入角色,并且在 CEO 的统一指挥下各司其职,协调有效地运作非常重要。这就要求受训者既要积极向前,又要听从指挥;既要勇挑重担,又不厚此薄彼;既要各抒己见,又要彼此尊重。这样才能既发挥大家的作用,又不至于互不服气、各行其是,影响企业的经营运作。

在实训中,经常有企业不能平账,主要原因有:①财务总监不会做账,但有很多情况是因为各角色没有严格按照企业运行流程去运作,各自为政,致使账目混乱不清;②参赛者拿着沙盘当玩具玩,致使账实不符;③营销总监与生产总监沟通不足,导致出现大量库存,或者是订单接了却生产不出来。

另外一个值得注意的问题就是不能搞一团和气、没有原则的团结。例如,一个公司的财务 3 年都不能平账,运行到第三年了连利润留存还搞不懂,也不换人,这将严重影响企业的运营,也影响竞赛的进程。这不是真正的团结,更谈不上团队协作。让合适的人做合适的事,这是基本的准则。

2.1 上任后的首要问题

请认真思索并记录以下问题。

2.1.1 我们的发展战略:CEO 带领管理团队共同决定

以下的目前状态以手工沙盘为例,电子沙盘略有不同。

(1) 我们想成为什么样的公司?企业的经营目标和宗旨是什么(文字描述及具体数字,如销售收入目标、利润目标等)?

(2) 我们倾向于何种产品、市场?准备何时实现?如表 2-3 所示。

表 2-3 实例表 1

	本地	区域	国内	亚洲	国际
P1	现在的位置				
P2					
P3					
P4					

(3) 我们想发展到多大的产能？建什么样的生产线？准备何时实现？如表 2-4 所示。

表 2-4　实例表 2

	目前	第一年	第二年	第三年	第四年	第五年	第六年
手工线	3						
半自动线	1						
全自动线							
柔性线							

(4) 我们想什么时候融资？融什么资？融多少资？如表 2-5 所示。

表 2-5　实例表 3

	目前	第一年	第二年	第三年	第四年	第五年	第六年
长期	40M						
短期							

注意，高利贷是不得已的选择，原则上不建议轻易采用。应收款贴现要根据实际财务状况和应收款情况而定，很难预先设定。

各角色应根据上述企业战略规划，思索如何有效贯彻执行，并确定执行细节。

说明与提示(每个角色要认真阅读并思考以下相关角色的提示)：

(1) CEO 首先要重点关注整体战略是否有偏差，并适时带领团队成员做出必要的调整；同时，控制企业严格按照流程执行各项工作。CEO 助理协助 CEO 工作，受 CEO 委托可以具体负责某些工作。

(2) COO(若设该岗位)监督企业按流程运行，或者受 CEO 委托控制企业按流程执行各项工作以使 CEO 腾出时间和精力集中研究企业发展战略的问题。

(3) CFO 首先应该考虑的是现金流的问题，既要保证企业发展战略实施所需资金的充足供应，同时又不要使资金过多滞留，造成浪费。因此，CFO 要认真制订具体的融资计划和资金使用计划，同时负责组织做好财务收支、记账、生产线折旧、维护费提取等工作。CFO 助理或责任会计在 CFO 的领导下具体做好现金收支、记账和制作财务报表等工作。

(4) 营销总监首先要根据企业战略，在与生产总监协调的基础上，制订具体的营销计划，包括生产和销售什么商品，生产和销售多少，通过什么渠道销售，计划在什么地区销售，各地区比例如何，是否考虑促销活动，等等。重点考虑好广告投放和争取订单的问题。同时，组织做好市场开拓投资、ISO 认证投资、产品交货收款、市场信息收集等工作。营销总监助理协助营销总监工作。

(5) 生产总监首先要根据企业发展战略的整体要求，在与营销总监、财务总监沟通的基础上，制订具体的产品开发计划、生产计划和设备投资与改造计划，确定新产品的研发进程，新设备用于生产何种产品，设备安装地点，所需资金来源，设备上线的具体时间，所需物料储备，以及生产什么、生产多少和何时生产等。生产总监助理协助生产总监工作，受生产总监委托可以具体负责某些工作,如执行某些具体生产任务等。

(6) 采购总监要与生产总监密切配合,根据生产计划的进度要求,确定采购什么、采购多少与何时采购,保证按时足量地供应生产所需的原材料,要努力做到既不出现物料短缺,又不出现库存积压。采购总监助理协助采购总监具体执行采购任务。

(7) 人力资源总监(若设该岗位)在CEO的领导下,执行对团队成员的考核任务。因此,人力资源总监首先要清楚每个角色的任务,并确定考核的指标与方法,做好考核记录,提交CEO做最终决定。

(8) 商业情报人员(若设该岗位)在营销总监的领导下,做好商业情报收集工作,同时参与营销决策。为此,首先要掌握竞赛规则,清楚自己企业的情况,明确要收集哪些情报等。

2.1.2 角色确认并宣誓就职

确认我的角色:
_____
_____

我的角色是:
_____
_____
_____

我的就职宣言:
_____
_____
_____
_____
_____
_____

开展我的工作(确定执行计划与执行细节):
(不够可另加附页)
_____
_____
_____
_____
_____

2.2 三种典型策略介绍

俗话说："凡事预则立，不预则废。""未曾画竹，而已成竹在胸！"同样，做 ERP 企业经营沙盘模拟实训前，有一整套策略成型于心，方能使你的团队临危不乱、镇定自若，在变幻莫测的比赛中笑到最后。下面，介绍 3 种典型的整体策略和 3 个实训中的实际例子供读者启发思路。

2.2.1 力压群雄——霸王策略

1. 策略介绍

霸王策略指在一开始即大举贷款，所筹到的大量资金用于扩大产能，保证产能第一，以高广告投入策略夺取本地市场老大，并随着产品开发的节奏，实现由 P1 向 P2、P3 等主流产品的过渡。在竞争中，始终保持主流产品和综合销售额第一。后期用高广告投入策略争取主导产品最高价市场的老大地位，使权益最高，令对手望尘莫及，从而赢得比赛。

2. 运作要点

运作好霸王策略的关键有两点：一是资本运作，有效使用长短期融资手段，使自己有充足的资金用于扩大产能和维持高额的广告费用，并能抵御强大的还款压力，使资金运转正常，因此，此策略对财务总监要求很高；二是精确地预测产能和生产成本，有效地预估市场产品需求和订单结构。如何安排产能扩大的节奏，如何实现"零库存"，如何进行产品组合与市场开发，这些将决定最终的成败。

3. 评述

采取霸王策略的团队，需要有相当的魄力，要像当年的霸王项羽那样，敢于气吞山河、破釜沉舟，谨小慎微者不宜采用。此策略的隐患在于，如果资金或广告在某一环节出现失误，则会使自己陷入十分艰难的处境，过大的还款压力和贷款费用，可能将自己逼上破产的境地，就像霸王自刎乌江那样，所以，此策略的风险很高，属于高投入、高产出，但高投入并不一定会高产出。

2.2.2 忍辱负重——越王策略

1. 策略介绍

越王策略也可称为迂回策略。采取此策略者通常有很大的产能潜力，但由于前期广告运作失误，导致订单过少，销售额过低，产品大量积压，权益大幅下降，处于劣势地位。因此，在第二、第三年只能维持生计，延缓产品开发计划，或者只进行 P2 产品的开发，积攒力量，度过危险期。在第四年时，突然推出 P3 或 P4 产品，配以精确广告策略，出其不意地攻占对手的薄弱市场，在对手忙于应付时，把 P3 或 P4 的最高价市场把持在手，并抓住不放，不给对手机会，最终赢得胜利。

2. 运作要点

越王策略制胜的关键在于后期的广告运作和现金测算。首先是广告运作，因为要采取精确的广告策略，所以一定要仔细分析对手的情况，找到他们在市场中的薄弱环节，以最小的代价夺得市场，减少成本。其次是现金预测，因为要出奇兵(P3 或 P4 产品)，但这些产品对现金要求很高，所以现金预测必须准确，如果到时现金断流，完不成订单，那将前功尽弃。

3. 评述

越王策略，不是一种主动的策略，多半是在不利的情况下采取的，所以团队成员要有很强的忍耐力与决断力，不为眼前一时的困境所压倒，并学会"好钢用在刀刃上"，节约开支，降低成本，先图生存，再图胜出。

2.2.3 见风使舵——渔翁策略

1. 策略介绍

渔翁策略是典型的跟随策略。当市场上有两大实力相当的企业争夺第一时，渔翁策略就派上用场了。其在产能上要努力跟随前两者的开发节奏，同时在内部努力降低成本，在每次新市场开辟时均采用低广告策略，规避风险，稳健经营，在前两者两败俱伤时立即占领市场。

2. 运作要点

渔翁策略的关键点有两个：第一在于一个"稳"字，即经营过程中一切按部就班，广告投入、产能扩大都是循序渐进，逐步实现的，真正做到稳扎稳打；第二要利用好时机，因为时机会稍纵即逝，对对手一定要仔细分析。

3. 评述

渔翁策略在比赛中是常见的，但要成功一定要做好充分准备，只有这样，才能在机会来临时，一下抓住，从而使对手无法超越。

个案介绍1

产能领先制胜法

想在产能上领先别人，就要扩大生产能力，投资新的生产线。为缩短生产周期就会变卖原有的手工生产线，转而投资全自动或柔性生产线。

B公司在第一年将3条手工生产线上的P1产品完工入库后陆续变卖，在大厂房内新投资建设了4条全自动生产线，而其他各公司则在第一年的生产线投资上显得有些保守。因此，B公司在第二年便建立了产能优势，并利用产能抢市场，即投放少的广告费接别人因产能不足不敢接的大单，再建新的生产线，如此形成了良性循环。第三年，在大厂房又建立一条全自动生产线，并租下小厂房投建了4条全自动生产线。到第四年，形成了1条半自动和9条全自动的产能格局。最终，依靠产能优势取得了胜利。

个案介绍2

保权益胜出法

E公司在前两年默默无闻，只投了少量的广告费用以销售必要的P1产品，没有发展的迹象，但维持了很高的权益。就在人们感叹其发展前景时，E公司却在第三年，当别的公司出现权益严重下降，融资困难，陷入发展瓶颈时，利用自己的权益优势获得了大量的短期融资，开发了P2、P3、P4产品，变卖了原有的生产线并投资建成了6条全自动生产线。在第四年，别的企业步履维艰时，一举收复失地。第五年更是锦上添花，利用产品组合优势，扩大产能，直至第六年胜出。

个案介绍3

柔性调节胜出法

柔性生产线由于其投资费用、折旧费用高而不被"行家"看好。但D公司一上来就斥巨资投建了4条柔性生产线，并把这4条柔性生产线打造成自己的核心竞争力。其灵活调节生产，灵活广告投放和接单，使自己在各方面有了更多的余地，既迷惑了对手，也节省了广告费，即用非常少的广告费用接到了非常合适的订单(因为有些大单对手不敢接，生产不出来)，最终赢得了比赛。但此法对生产的组织要求较高，极易出现原材料短缺或积压的情况。

"条条大路通罗马"，我们要用开阔的视野审视战略，以创新的头脑制定战略，以严谨的态度执行战略，最后的成功自然水到渠成。

操作记录

2.3 企业经营过程控制/监督表

(　　)公司 CEO/COO

起　始　年

企业经营流程 请按顺序执行下列各项操作。	每执行完一项操作，财务总监(助理)在相应方格内画钩或叉，只涉及现金收支的方格中填写现金收支的具体数字。				
新年度规划会议					
参加订货会/登记销售订单					
制订新年度计划					
支付应付税					
季初现金盘点(请填余额)					
更新短期贷款/还本付息/申请短期贷款(高利贷)					
更新应付款/归还应付款					
原材料入库/更新原料订单					
下原料订单					
更新生产/完工入库					
投资新生产线/变卖生产线/生产线转产					
向其他企业购买原材料/出售原材料					
开始下一批生产					
更新应收款/应收款收现					
出售厂房					
向其他企业购买成品/出售成品					
按订单交货					
产品研发投资					
支付行政管理费					
其他现金收支情况登记					
支付租金/购买厂房					
支付利息/更新长期贷款/申请长期贷款					
支付设备维护费					
计提折旧					(　)
新市场开拓/ISO 资格认证投资					
现金收入合计					
现金支出合计					
期末现金对账(请填余额)					
结账					

第 一 年

企业经营流程 请按顺序执行下列各项操作。	每执行完一项操作，财务总监(助理)在相应方格内画钩或叉，只涉及现金收支的方格中填写现金收支的具体数字。				
新年度规划会议					
参加订货会/登记销售订单					
制订新年度计划					
支付应付税					
季初现金盘点(请填余额)					
更新短期贷款/还本付息/申请短期贷款(高利贷)					
更新应付款/归还应付款					
原材料入库/更新原料订单					
下原料订单					
更新生产/完工入库					
投资新生产线/变卖生产线/生产线转产					
向其他企业购买原材料/出售原材料					
开始下一批生产					
更新应收款/应收款收现					
出售厂房					
向其他企业购买成品/出售成品					
按订单交货					
产品研发投资					
支付行政管理费					
其他现金收支情况登记					
支付租金/购买厂房					
支付利息/更新长期贷款/申请长期贷款					
支付设备维护费					
计提折旧					( )
新市场开拓/ISO 资格认证投资					
现金收入合计					
现金支出合计					
期末现金对账(请填余额)					
结账					

第 二 年

企业经营流程 请按顺序执行下列各项操作。	CEO 控制团队成员具体执行每一项操作，并在团队成员完成每一项操作后，在相应的方格内打钩，COO 监督执行。				
新年度规划会议					
参加订货会/登记销售订单					
制订新年度计划					
支付应付税					
季初现金盘点(请填余额)					
更新短期贷款/还本付息/申请短期贷款(高利贷)					
更新应付款/归还应付款					
原材料入库/更新原料订单					
下原料订单					
更新生产/完工入库					
投资新生产线/变卖生产线/生产线转产					
向其他企业购买原材料/出售原材料					
开始下一批生产					
更新应收款/应收款收现					
出售厂房					
向其他企业购买成品/出售成品					
按订单交货					
产品研发投资					
支付行政管理费					
其他现金收支情况登记					
支付租金/购买厂房					
支付利息/更新长期贷款/申请长期贷款					
支付设备维护费					
计提折旧				( )	
新市场开拓/ISO 资格认证投资					
现金收入合计					
现金支出合计					
期末现金对账(请填余额)					
结账					

第 三 年

企业经营流程 请按顺序执行下列各项操作。					
新年度规划会议					
参加订货会/登记销售订单					
制订新年度计划					
支付应付税					
季初现金盘点(请填余额)					
更新短期贷款/还本付息/申请短期贷款(高利贷)					
更新应付款/归还应付款					
原材料入库/更新原料订单					
下原料订单					
更新生产/完工入库					
投资新生产线/变卖生产线/生产线转产					
向其他企业购买原材料/出售原材料					
开始下一批生产					
更新应收款/应收款收现					
出售厂房					
向其他企业购买成品/出售成品					
按订单交货					
产品研发投资					
支付行政管理费					
其他现金收支情况登记					
支付租金/购买厂房					
支付利息/更新长期贷款/申请长期贷款					
支付设备维护费					
计提折旧				( )	
新市场开拓/ISO资格认证投资					
现金收入合计					
现金支出合计					
期末现金对账(请填余额)					
结账					

第 四 年

企业经营流程 请按顺序执行下列各项操作。	CEO 控制团队成员具体执行每一项操作，并在团队成员完成每一项操作后，在相应的方格内打钩，COO 监督执行。				
新年度规划会议		▨	▨	▨	
参加订货会/登记销售订单					
制订新年度计划		▨	▨	▨	
支付应付税					
季初现金盘点(请填余额)					
更新短期贷款/还本付息/申请短期贷款(高利贷)					
更新应付款/归还应付款					
原材料入库/更新原料订单					
下原料订单					
更新生产/完工入库					
投资新生产线/变卖生产线/生产线转产					
向其他企业购买原材料/出售原材料					
开始下一批生产					
更新应收款/应收款收现					
出售厂房					
向其他企业购买成品/出售成品					
按订单交货					
产品研发投资					
支付行政管理费					
其他现金收支情况登记					
支付租金/购买厂房					
支付利息/更新长期贷款/申请长期贷款		▨			
支付设备维护费					
计提折旧		▨	▨		( )
新市场开拓/ISO 资格认证投资		▨	▨		
现金收入合计					
现金支出合计					
期末现金对账(请填余额)					
结账		▨	▨		

第 五 年

企业经营流程 请按顺序执行下列各项操作。	CEO 控制团队成员具体执行每一项操作，并在团队成员完成每一项操作后，在相应的方格内打钩，COO 监督执行。				
新年度规划会议					
参加订货会/登记销售订单					
制订新年度计划					
支付应付税					
季初现金盘点(请填余额)					
更新短期贷款/还本付息/申请短期贷款(高利贷)					
更新应付款/归还应付款					
原材料入库/更新原料订单					
下原料订单					
更新生产/完工入库					
投资新生产线/变卖生产线/生产线转产					
向其他企业购买原材料/出售原材料					
开始下一批生产					
更新应收款/应收款收现					
出售厂房					
向其他企业购买成品/出售成品					
按订单交货					
产品研发投资					
支付行政管理费					
其他现金收支情况登记					
支付租金/购买厂房					
支付利息/更新长期贷款/申请长期贷款					
支付设备维护费					
计提折旧					( )
新市场开拓/ISO 资格认证投资					
现金收入合计					
现金支出合计					
期末现金对账(请填余额)					
结账					

第 六 年

企业经营流程 请按顺序执行下列各项操作。	CEO 控制团队成员具体执行每一项操作，并在团队成员完成每一项操作后，在相应的方格内打钩，COO 监督执行。				
新年度规划会议		/////	/////	/////	/////
参加订货会/登记销售订单					
制订新年度计划		/////	/////	/////	/////
支付应付税		/////	/////	/////	/////
季初现金盘点(请填余额)					
更新短期贷款/还本付息/申请短期贷款(高利贷)					
更新应付款/归还应付款					
原材料入库/更新原料订单					
下原料订单					
更新生产/完工入库					
投资新生产线/变卖生产线/生产线转产					
向其他企业购买原材料/出售原材料					
开始下一批生产					
更新应收款/应收款收现					
出售厂房					
向其他企业购买成品/出售成品					
按订单交货					
产品研发投资					
支付行政管理费					
其他现金收支情况登记					
支付租金/购买厂房					
支付利息/更新长期贷款/申请长期贷款		/////	/////	/////	/////
支付设备维护费					
计提折旧		/////	/////	/////	///// ( )
新市场开拓/ISO 资格认证投资		/////	/////	/////	/////
现金收入合计					
现金支出合计					
期末现金对账(请填余额)					
结账		/////	/////	/////	/////

操作记录

2.4 企业经营过程记录表(一)

(　　)公司财务总监 CFO

起　始　年

企业经营流程 请按顺序执行下列各项操作。	每执行完一项操作，财务总监(助理)在相应方格内画钩或叉，只在涉及现金收支的方格中填写现金收支的具体数字。				
新年度规划会议					
参加订货会/登记销售订单					
制订新年度计划					
支付应付税					
季初现金盘点(请填余额)					
更新短期贷款/还本付息/申请短期贷款(高利贷)					
更新应付款/归还应付款					
原材料入库/更新原料订单					
下原料订单					
更新生产/完工入库					
投资新生产线/变卖生产线/生产线转产					
向其他企业购买原材料/出售原材料					
开始下一批生产					
更新应收款/应收款收现					
出售厂房					
向其他企业购买成品/出售成品					
按订单交货					
产品研发投资					
支付行政管理费					
其他现金收支情况登记					
支付租金/购买厂房					
支付利息/更新长期贷款/申请长期贷款					
支付设备维护费					
计提折旧					(　)
新市场开拓/ISO 资格认证投资					
现金收入合计					
现金支出合计					
期末现金对账(请填余额)					
结账					

订单登记表

订单号										合计
市场										
产品										
数量										
账期										
销售额										
成本										
毛利										
未售										

产品核算统计表

	P1	P2	P3	P4	合计
数量					
销售额					
成本					
毛利					

综合管理费用明细表

单位：百万元

项目	金额	备注
管理费		
广告费		
设备维护费		
租金		
转产费		
市场准入开拓		□区域　□国内　□亚洲　□国际
ISO 资格认证		□ISO 9000　　□ISO 14000
产品研发		P2(　)　P3(　)　P4(　)
其他		
合计		

利 润 表

项目	上年数	本年数
销售收入	35	
直接成本	12	
毛利	23	
综合费用	11	
折旧前利润	12	
折旧	4	
支付利息前利润	8	
财务收入/支出	4	
其他收入/支出		
税前利润	4	
所得税	1	
净利润	3	

资产负债表

资产	期初数	期末数	负债和所有者权益	期初数	期末数
流动资产：			负债：		
现金	20		长期负债	40	
应收款	15		短期负债		
在制品	8		应付账款		
成品	6		应交税金	1	
原料	3		1年内到期的长期负债		
流动资产合计	52		负债合计	41	
固定资产：			所有者权益：		
土地和建筑	40		股东资本	50	
机器与设备	13		利润留存	11	
在建工程			年度净利	3	
固定资产合计	53		所有者权益合计	64	
资产总计	105		负债和所有者权益总计	105	

第 一 年

企业经营流程
请按顺序执行下列各项操作。

> 每执行完一项操作，财务总监(助理)在相应方格内画钩或叉，只涉及现金收支的方格中填写现金收支的具体数字。

操作					
新年度规划会议					
参加订货会/登记销售订单					
制订新年度计划					
支付应付税					
季初现金盘点(请填余额)					
更新短期贷款/还本付息/申请短期贷款(高利贷)					
更新应付款/归还应付款					
原材料入库/更新原料订单					
下原料订单					
更新生产/完工入库					
投资新生产线/变卖生产线/生产线转产					
向其他企业购买原材料/出售原材料					
开始下一批生产					
更新应收款/应收款收现					
出售厂房					
向其他企业购买成品/出售成品					
按订单交货					
产品研发投资					
支付行政管理费					
其他现金收支情况登记					
支付租金/购买厂房					
支付利息/更新长期贷款/申请长期贷款					
支付设备维护费					
计提折旧				( )	
新市场开拓/ISO资格认证投资					
现金收入合计					
现金支出合计					
期末现金对账(请填余额)					
结账					

现金预算表

	1	2	3	4
期初库存现金				
支付上年应交税		///	///	///
市场广告投入		///	///	///
贴现费用				
利息(短期贷款)				
支付到期短期贷款				
原料采购支付现金				
转产费用				
生产线投资				
工人工资				
产品研发投资				
收到现金前的所有支出				
应收款到期				
支付管理费用				
租金				
购买新建筑				
利息(长期贷款)	///	///	///	
支付到期长期贷款				
设备维护费用	///	///	///	
市场开拓投资	///	///	///	
ISO 认证投资	///	///	///	
其他				
库存现金余额				

要点记录

第一季度：_____

第二季度：_____

第三季度：_____

第四季度：_____

年底小结：_____

订单登记表

订单号										合计
市场										////
产品										
数量										////
账期										////
销售额										
成本										
毛利										
未售										

产品核算统计表

	P1	P2	P3	P4	合计
数量					
销售额					
成本					
毛利					

综合管理费用明细表

单位：百万元

项目	金额	备注
管理费		
广告费		
设备维护费		
租金		
转产费		
市场准入开拓		□区域　□国内　□亚洲　□国际
ISO 资格认证		□ISO 9000　□ISO 14000
产品研发		P2(　)　P3(　)　P4(　)
其他		
合计		

利 润 表

项目	上年数	本年数
销售收入		
直接成本		
毛利		
综合费用		
折旧前利润		
折旧		
支付利息前利润		
财务收入/支出		
其他收入/支出		
税前利润		
所得税		
净利润		

资产负债表

资产	期初数	期末数	负债和所有者权益	期初数	期末数
流动资产：			负债：		
现金			长期负债		
应收款			短期负债		
在制品			应付账款		
成品			应交税金		
原料			1年内到期的长期负债		
流动资产合计			负债合计		
固定资产：			所有者权益：		
土地和建筑			股东资本		
机器与设备			利润留存		
在建工程			年度净利		
固定资产合计			所有者权益合计		
资产总计			负债和所有者权益总计		

第 二 年

企业经营流程 请按顺序执行下列各项操作。		每执行完一项操作，财务总监(助理)在相应方格内画钩或叉，只涉及现金收支的方格中填写现金收支的具体数字。				
新年度规划会议			/////	/////	/////	
参加订货会/登记销售订单			/////	/////	/////	
制订新年度计划			/////	/////	/////	
支付应付税						
季初现金盘点(请填余额)						
更新短期贷款/还本付息/申请短期贷款(高利贷)						
更新应付款/归还应付款						
原材料入库/更新原料订单						
下原料订单						
更新生产/完工入库						
投资新生产线/变卖生产线/生产线转产						
向其他企业购买原材料/出售原材料						
开始下一批生产						
更新应收款/应收款收现						
出售厂房						
向其他企业购买成品/出售成品						
按订单交货						
产品研发投资						
支付行政管理费						
其他现金收支情况登记						
支付租金/购买厂房						
支付利息/更新长期贷款/申请长期贷款			/////	/////	/////	
支付设备维护费						
计提折旧			/////	/////	/////	( )
新市场开拓/ISO 资格认证投资						
现金收入合计						
现金支出合计						
期末现金对账(请填余额)						
结账			/////	/////	/////	

现金预算表

	1	2	3	4
期初库存现金				
支付上年应交税				
市场广告投入				
贴现费用				
利息(短期贷款)				
支付到期短期贷款				
原料采购支付现金				
转产费用				
生产线投资				
工人工资				
产品研发投资				
收到现金前的所有支出				
应收款到期				
支付管理费用				
租金				
购买新建筑				
利息(长期贷款)				
支付到期长期贷款				
设备维护费用				
市场开拓投资				
ISO 认证投资				
其他				
库存现金余额				

要点记录

第一季度：_____

第二季度：_____

第三季度：_____

第四季度：_____

年底小结：_____

订单登记表

订单号									合计
市场									
产品									
数量									
账期									
销售额									
成本									
毛利									
未售									

产品核算统计表

	P1	P2	P3	P4	合计
数量					
销售额					
成本					
毛利					

综合管理费用明细表

单位：百万元

项目	金额	备注
管理费		
广告费		
设备维护费		
租金		
转产费		
市场准入开拓		□区域　□国内　□亚洲　□国际
ISO 资格认证		□ISO 9000　□ISO 14000
产品研发		P2(　)　P3(　)　P4(　)
其他		
合计		

利 润 表

项目	上年数	本年数
销售收入		
直接成本		
毛利		
综合费用		
折旧前利润		
折旧		
支付利息前利润		
财务收入/支出		
其他收入/支出		
税前利润		
所得税		
净利润		

资产负债表

资产	期初数	期末数	负债和所有者权益	期初数	期末数
流动资产：			**负债：**		
现金			长期负债		
应收款			短期负债		
在制品			应付账款		
成品			应交税金		
原料			1年内到期的长期负债		
流动资产合计			负债合计		
固定资产：			**所有者权益：**		
土地和建筑			股东资本		
机器与设备			利润留存		
在建工程			年度净利		
固定资产合计			所有者权益合计		
资产总计			负债和所有者权益总计		

第 三 年

企业经营流程 请按顺序执行下列各项操作。	每执行完一项操作，财务总监(助理)在相应方格内画钩或叉，只在涉及现金收支的方格中填写现金收支的具体数字。				
新年度规划会议					
参加订货会/登记销售订单					
制订新年度计划					
支付应付税					
季初现金盘点(请填余额)					
更新短期贷款/还本付息/申请短期贷款(高利贷)					
更新应付款/归还应付款					
原材料入库/更新原料订单					
下原料订单					
更新生产/完工入库					
投资新生产线/变卖生产线/生产线转产					
向其他企业购买原材料/出售原材料					
开始下一批生产					
更新应收款/应收款收现					
出售厂房					
向其他企业购买成品/出售成品					
按订单交货					
产品研发投资					
支付行政管理费					
其他现金收支情况登记					
支付租金/购买厂房					
支付利息/更新长期贷款/申请长期贷款					
支付设备维护费					
计提折旧					( )
新市场开拓/ISO资格认证投资					
现金收入合计					
现金支出合计					
期末现金对账(请填余额)					
结账					

现金预算表

	1	2	3	4
期初库存现金				
支付上年应交税		/////	/////	/////
市场广告投入		/////	/////	/////
贴现费用				
利息(短期贷款)				
支付到期短期贷款				
原料采购支付现金				
转产费用				
生产线投资				
工人工资				
产品研发投资				
收到现金前的所有支出				
应收款到期				
支付管理费用				
租金				
购买新建筑				
利息(长期贷款)		/////	/////	/////
支付到期长期贷款		/////	/////	/////
设备维护费用				
市场开拓投资		/////	/////	/////
ISO 认证投资		/////	/////	/////
其他				
库存现金余额				

要点记录

第一季度：_____

第二季度：_____

第三季度：_____

第四季度：_____

年底小结：_____

订单登记表

订单号										合计
市场										
产品										
数量										
账期										
销售额										
成本										
毛利										
未售										

产品核算统计表

	P1	P2	P3	P4	合计
数量					
销售额					
成本					
毛利					

综合管理费用明细表

单位：百万元

项目	金额	备注
管理费		
广告费		
设备维护费		
租金		
转产费		
市场准入开拓		□区域　□国内　□亚洲　□国际
ISO 资格认证		□ISO 9000　□ISO 14000
产品研发		P2(　) P3(　) P4(　)
其他		
合计		

利 润 表

项目	上年数	本年数
销售收入		
直接成本		
毛利		
综合费用		
折旧前利润		
折旧		
支付利息前利润		
财务收入/支出		
其他收入/支出		
税前利润		
所得税		
净利润		

资产负债表

资产	期初数	期末数	负债和所有者权益	期初数	期末数
流动资产：			负债：		
现金			长期负债		
应收款			短期负债		
在制品			应付账款		
成品			应交税金		
原料			1年内到期的长期负债		
流动资产合计			负债合计		
固定资产：			所有者权益：		
土地和建筑			股东资本		
机器与设备			利润留存		
在建工程			年度净利		
固定资产合计			所有者权益合计		
资产总计			负债和所有者权益总计		

第 四 年

企业经营流程 请按顺序执行下列各项操作。		每执行完一项操作，财务总监(助理)在相应方格内画钩或叉，只在涉及现金收支的方格中填写现金收支的具体数字。				
新年度规划会议			/////	/////	/////	/////
参加订货会/登记销售订单						
制订新年度计划			/////	/////	/////	/////
支付应付税						
季初现金盘点(请填余额)						
更新短期贷款/还本付息/申请短期贷款(高利贷)						
更新应付款/归还应付款						
原材料入库/更新原料订单						
下原料订单						
更新生产/完工入库						
投资新生产线/变卖生产线/生产线转产						
向其他企业购买原材料/出售原材料						
开始下一批生产						
更新应收款/应收款收现						
出售厂房						
向其他企业购买成品/出售成品						
按订单交货						
产品研发投资						
支付行政管理费						
其他现金收支情况登记						
支付租金/购买厂房						
支付利息/更新长期贷款/申请长期贷款			/////	/////	/////	/////
支付设备维护费						
计提折旧						( )
新市场开拓/ISO 资格认证投资			/////	/////	/////	/////
现金收入合计						
现金支出合计						
期末现金对账(请填余额)						
结账			/////	/////	/////	/////

现金预算表

	1	2	3	4
期初库存现金				
支付上年应交税				
市场广告投入				
贴现费用				
利息(短期贷款)				
支付到期短期贷款				
原料采购支付现金				
转产费用				
生产线投资				
工人工资				
产品研发投资				
收到现金前的所有支出				
应收款到期				
支付管理费用				
租金				
购买新建筑				
利息(长期贷款)				
支付到期长期贷款				
设备维护费用				
市场开拓投资				
ISO 认证投资				
其他				
库存现金余额				

要点记录

第一季度：_____

第二季度：_____

第三季度：_____

第四季度：_____

年底小结：_____

订单登记表

订单号										合计
市场										///
产品										///
数量										
账期										///
销售额										
成本										
毛利										
未售										

产品核算统计表

	P1	P2	P3	P4	合计
数量					
销售额					
成本					
毛利					

综合管理费用明细表

单位：百万元

项目	金额	备注
管理费		
广告费		
设备维护费		
租金		
转产费		
市场准入开拓		□区域　□国内　□亚洲　□国际
ISO 资格认证		□ISO 9000　□ISO 14000
产品研发		P2(　　) P3(　　) P4(　　)
其他		
合计		

利 润 表

项目	上年数	本年数
销售收入		
直接成本		
毛利		
综合费用		
折旧前利润		
折旧		
支付利息前利润		
财务收入/支出		
其他收入/支出		
税前利润		
所得税		
净利润		

资产负债表

资产	期初数	期末数	负债和所有者权益	期初数	期末数
流动资产：			负债：		
现金			长期负债		
应收款			短期负债		
在制品			应付账款		
成品			应交税金		
原料			1年内到期的长期负债		
流动资产合计			负债合计		
固定资产：			所有者权益：		
土地和建筑			股东资本		
机器与设备			利润留存		
在建工程			年度净利		
固定资产合计			所有者权益合计		
资产总计			负债和所有者权益总计		

第 五 年

企业经营流程 请按顺序执行下列各项操作。	每执行完一项操作,财务总监(助理)在相应方格内画钩或叉,只在涉及现金收支的方格中填写现金收支的具体数字。					
新年度规划会议						
参加订货会/登记销售订单						
制订新年度计划						
支付应付税						
季初现金盘点(请填余额)						
更新短期贷款/还本付息/申请短期贷款(高利贷)						
更新应付款/归还应付款						
原材料入库/更新原料订单						
下原料订单						
更新生产/完工入库						
投资新生产线/变卖生产线/生产线转产						
向其他企业购买原材料/出售原材料						
开始下一批生产						
更新应收款/应收款收现						
出售厂房						
向其他企业购买成品/出售成品						
按订单交货						
产品研发投资						
支付行政管理费						
其他现金收支情况登记						
支付租金/购买厂房						
支付利息/更新长期贷款/申请长期贷款						
支付设备维护费						
计提折旧						( )
新市场开拓/ISO 资格认证投资						
现金收入合计						
现金支出合计						
期末现金对账(请填余额)						
结账						

现金预算表

	1	2	3	4
期初库存现金				
支付上年应交税		////	////	////
市场广告投入		////	////	////
贴现费用				
利息(短期贷款)				
支付到期短期贷款				
原料采购支付现金				
转产费用				
生产线投资				
工人工资				
产品研发投资				
收到现金前的所有支出				
应收款到期				
支付管理费用				
租金				
购买新建筑				
利息(长期贷款)		////	////	
支付到期长期贷款		////	////	
设备维护费用		////	////	
市场开拓投资		////	////	
ISO 认证投资		////	////	
其他				
库存现金余额				

要点记录

第一季度：_____

第二季度：_____

第三季度：_____

第四季度：_____

年底小结：_____

订单登记表

订单号										合计
市场										
产品										
数量										
账期										
销售额										
成本										
毛利										
未售										

产品核算统计表

	P1	P2	P3	P4	合计
数量					
销售额					
成本					
毛利					

综合管理费用明细表

单位：百万元

项目	金额	备注
管理费		
广告费		
设备维护费		
租金		
转产费		
市场准入开拓		□区域　□国内　□亚洲　□国际
ISO 资格认证		□ISO 9000　□ISO 14000
产品研发		P2(　) P3(　) P4(　)
其他		
合计		

利 润 表

项目	上年数	本年数
销售收入		
直接成本		
毛利		
综合费用		
折旧前利润		
折旧		
支付利息前利润		
财务收入/支出		
其他收入/支出		
税前利润		
所得税		
净利润		

资产负债表

资产	期初数	期末数	负债和所有者权益	期初数	期末数
流动资产：			负债：		
现金			长期负债		
应收款			短期负债		
在制品			应付账款		
成品			应交税金		
原料			1年内到期的长期负债		
流动资产合计			负债合计		
固定资产：			所有者权益：		
土地和建筑			股东资本		
机器与设备			利润留存		
在建工程			年度净利		
固定资产合计			所有者权益合计		
资产总计			负债和所有者权益总计		

第 六 年

企业经营流程 请按顺序执行下列各项操作。		每执行完一项操作，财务总监(助理)在相应方格内画钩或叉，只在涉及现金收支的方格中填写现金收支的具体数字。			
新年度规划会议			/////	/////	/////
参加订货会/登记销售订单					
制订新年度计划			/////	/////	/////
支付应付税			/////	/////	/////
季初现金盘点(请填余额)					
更新短期贷款/还本付息/申请短期贷款(高利贷)					
更新应付款/归还应付款					
原材料入库/更新原料订单					
下原料订单					
更新生产/完工入库					
投资新生产线/变卖生产线/生产线转产					
向其他企业购买原材料/出售原材料					
开始下一批生产					
更新应收款/应收款收现					
出售厂房					
向其他企业购买成品/出售成品					
按订单交货					
产品研发投资					
支付行政管理费					
其他现金收支情况登记					
支付租金/购买厂房					
支付利息/更新长期贷款/申请长期贷款			/////	/////	/////
支付设备维护费					
计提折旧			/////	/////	( )
新市场开拓/ISO 资格认证投资			/////	/////	/////
现金收入合计					
现金支出合计					
期末现金对账(请填余额)					
结账			/////	/////	/////

现金预算表

	1	2	3	4
期初库存现金				
支付上年应交税				
市场广告投入				
贴现费用				
利息(短期贷款)				
支付到期短期贷款				
原料采购支付现金				
转产费用				
生产线投资				
工人工资				
产品研发投资				
收到现金前的所有支出				
应收款到期				
支付管理费用				
租金				
购买新建筑				
利息(长期贷款)				
支付到期长期贷款				
设备维护费用				
市场开拓投资				
ISO 认证投资				
其他				
库存现金余额				

要点记录

第一季度：_____

第二季度：_____

第三季度：_____

第四季度：_____

年底小结：_____

_____

订单登记表

订单号										合计
市场										////
产品										////
数量										////
账期										////
销售额										
成本										
毛利										
未售										

产品核算统计表

	P1	P2	P3	P4	合计
数量					
销售额					
成本					
毛利					

综合管理费用明细表

单位：百万元

项目	金额	备注
管理费		
广告费		
设备维护费		
租金		
转产费		
市场准入开拓		□区域　□国内　□亚洲　□国际
ISO 资格认证		□ISO 9000　　□ISO 14000
产品研发		P2(　　)　P3(　　)　P4(　　)
其他		
合计		

利 润 表

项目	上年数	本年数
销售收入		
直接成本		
毛利		
综合费用		
折旧前利润		
折旧		
支付利息前利润		
财务收入/支出		
其他收入/支出		
税前利润		
所得税		
净利润		

资产负债表

资产	期初数	期末数	负债和所有者权益	期初数	期末数
流动资产：			负债：		
现金			长期负债		
应收款			短期负债		
在制品			应付账款		
成品			应交税金		
原料			1年内到期的长期负债		
流动资产合计			负债合计		
固定资产：			所有者权益：		
土地和建筑			股东资本		
机器与设备			利润留存		
在建工程			年度净利		
固定资产合计			所有者权益合计		
资产总计			负债和所有者权益总计		

公司贷款申请表

贷款类		1年				2年				3年				4年				5年				6年			
		1	2	3	4	1	2	3	4	1	2	3	4	1	2	3	4	1	2	3	4	1	2	3	4
短贷	借																								
	还																								
高利贷	借																								
	还																								
短贷余额																									
监督员签字																									
长贷	借																								
	还																								
长贷余额																									
上年权益																									
监督员签字																									

操作记录

2.5 企业经营过程记录表(二)

(　　)公司营销总监

起 始 年

企业经营流程 请按顺序执行下列各项操作。	每执行完一项相关操作,营销总监(助理)在方格中填写产成品增减和销售情况。															
新年度规划会议																
参加订货会/登记销售订单																
制订新年度计划																
支付应付税																
		一季度				二季度				三季度				四季度		
产成品库存台账	P1	P2	P3	P4	P1	P2	P3	P4	P1	P2	P3	P4	P1	P2	P3	P4
期初产成品盘点(请填余额)																
更新短期贷款/还本付息/申请短期贷款(高利贷)																
更新应付款/归还应付款																
原材料入库/更新原料订单																
下原料订单																
更新生产/完工入库																
投资新生产线/变卖生产线/生产线转产																
向其他企业购买原材料/出售原材料																
开始下一批生产																
更新应收款/应收款收现																
出售厂房																
向其他企业购买成品/出售成品																
按订单交货																
产品研发投资																
支付行政管理费																
其他现金收支情况登记																
支付租金/购买厂房																
支付利息/更新长期贷款/申请长期贷款																
支付设备维护费																
计提折旧													(	)		
新市场开拓/ISO 资格认证投资																
产成品入库合计																
产成品出库合计																
期末产成品对账(请填余额)																
结账																

第 一 年

企业经营流程 请按顺序执行下列各项操作。	每执行完一项相关操作，营销总监(助理)在方格中填写产成品增减和销售情况。															
新年度规划会议																
参加订货会/登记销售订单																
制订新年度计划																
支付应付税																
		一季度				二季度				三季度				四季度		
产成品库存台账	P1	P2	P3	P4	P1	P2	P3	P4	P1	P2	P3	P4	P1	P2	P3	P4
期初产成品盘点(请填余额)																
更新短期贷款/还本付息/申请短期贷款(高利贷)																
更新应付款/归还应付款																
原材料入库/更新原料订单																
下原料订单																
更新生产/完工入库																
投资新生产线/变卖生产线/生产线转产																
向其他企业购买原材料/出售原材料																
开始下一批生产																
更新应收款/应收款收现																
出售厂房																
向其他企业购买成品/出售成品																
按订单交货																
产品研发投资																
支付行政管理费																
其他现金收支情况登记																
支付租金/购买厂房																
支付利息/更新长期贷款/申请长期贷款																
支付设备维护费																
计提折旧											(	)				
新市场开拓/ISO资格认证投资																
产成品入库合计																
产成品出库合计																
期末产成品对账(请填余额)																
结账																

第 二 年

企业经营流程 请按顺序执行下列各项操作。	每执行完一项相关操作，营销总监(助理)在方格中填写产成品增减和销售情况。																
新年度规划会议	/////																
参加订货会/登记销售订单	/////																
制订新年度计划	/////																
支付应付税	/////																
	/////	一季度				二季度				三季度				四季度			
产成品库存台账		P1	P2	P3	P4	P1	P2	P3	P4	P1	P2	P3	P4	P1	P2	P3	P4
期初产成品盘点(请填余额)																	
更新短期贷款/还本付息/申请短期贷款(高利贷)																	
更新应付款/归还应付款																	
原材料入库/更新原料订单																	
下原料订单																	
更新生产/完工入库																	
投资新生产线/变卖生产线/生产线转产																	
向其他企业购买原材料/出售原材料																	
开始下一批生产																	
更新应收款/应收款收现																	
出售厂房																	
向其他企业购买成品/出售成品																	
按订单交货																	
产品研发投资																	
支付行政管理费																	
其他现金收支情况登记																	
支付租金/购买厂房																	
支付利息/更新长期贷款/申请长期贷款	/////																
支付设备维护费																	
计提折旧	/////												( )				
新市场开拓/ISO资格认证投资	/////																
产成品入库合计																	
产成品出库合计																	
期末产成品对账(请填余额)																	
结账	/////																

第 三 年

企业经营流程 请按顺序执行下列各项操作。	每执行完一项相关操作，营销总监(助理)在方格中填写产成品增减和销售情况。															
新年度规划会议																
参加订货会/登记销售订单																
制订新年度计划																
支付应付税																
	一季度				二季度				三季度				四季度			
产成品库存台账	P1	P2	P3	P4	P1	P2	P3	P4	P1	P2	P3	P4	P1	P2	P3	P4
期初产成品盘点(请填余额)																
更新短期贷款/还本付息/申请短期贷款(高利贷)																
更新应付款/归还应付款																
原材料入库/更新原料订单																
下原料订单																
更新生产/完工入库																
投资新生产线/变卖生产线/生产线转产																
向其他企业购买原材料/出售原材料																
开始下一批生产																
更新应收款/应收款收现																
出售厂房																
向其他企业购买成品/出售成品																
按订单交货																
产品研发投资																
支付行政管理费																
其他现金收支情况登记																
支付租金/购买厂房																
支付利息/更新长期贷款/申请长期贷款																
支付设备维护费																
计提折旧													(	)		
新市场开拓/ISO资格认证投资																
产成品入库合计																
产成品出库合计																
期末产成品对账(请填余额)																
结账																

第 四 年

企业经营流程 请按顺序执行下列各项操作。	每执行完一项相关操作,营销总监(助理)在方格中填写产成品增减和销售情况。													
新年度规划会议														
参加订货会/登记销售订单														
制订新年度计划														
支付应付税														
		一季度				二季度				三季度				四季度			
产成品库存台账		P1	P2	P3	P4	P1	P2	P3	P4	P1	P2	P3	P4	P1	P2	P3	P4
期初产成品盘点(请填余额)																	
更新短期贷款/还本付息/申请短期贷款(高利贷)																	
更新应付款/归还应付款																	
原材料入库/更新原料订单																	
下原料订单																	
更新生产/完工入库																	
投资新生产线/变卖生产线/生产线转产																	
向其他企业购买原材料/出售原材料																	
开始下一批生产																	
更新应收款/应收款收现																	
出售厂房																	
向其他企业购买成品/出售成品																	
按订单交货																	
产品研发投资																	
支付行政管理费																	
其他现金收支情况登记																	
支付租金/购买厂房																	
支付利息/更新长期贷款/申请长期贷款																	
支付设备维护费																	
计提折旧												(	)				
新市场开拓/ISO资格认证投资																	
产成品入库合计																	
产成品出库合计																	
期末产成品对账(请填余额)																	
结账																	

第 五 年

企业经营流程 请按顺序执行下列各项操作。	每执行完一项相关操作，营销总监(助理)在方格中填写产成品增减和销售情况。															
新年度规划会议																
参加订货会/登记销售订单																
制订新年度计划																
支付应付税																
		一季度				二季度				三季度				四季度		
产成品库存台账	P1	P2	P3	P4	P1	P2	P3	P4	P1	P2	P3	P4	P1	P2	P3	P4
期初产成品盘点(请填余额)																
更新短期贷款/还本付息/申请短期贷款(高利贷)																
更新应付款/归还应付款																
原材料入库/更新原料订单																
下原料订单																
更新生产/完工入库																
投资新生产线/变卖生产线/生产线转产																
向其他企业购买原材料/出售原材料																
开始下一批生产																
更新应收款/应收款收现																
出售厂房																
向其他企业购买成品/出售成品																
按订单交货																
产品研发投资																
支付行政管理费																
其他现金收支情况登记																
支付租金/购买厂房																
支付利息/更新长期贷款/申请长期贷款																
支付设备维护费																
计提折旧													(	)		
新市场开拓/ISO资格认证投资																
产成品入库合计																
产成品出库合计																
期末产成品对账(请填余额)																
结账																

第 六 年

企业经营流程 请按顺序执行下列各项操作。	每执行完一项相关操作,营销总监(助理)在方格中填写产成品增减和销售情况。															
新年度规划会议																
参加订货会/登记销售订单																
制订新年度计划																
支付应付税																
		一季度				二季度				三季度				四季度		
产成品库存台账	P1	P2	P3	P4	P1	P2	P3	P4	P1	P2	P3	P4	P1	P2	P3	P4
期初产成品盘点(请填余额)																
更新短期贷款/还本付息/申请短期贷款(高利贷)																
更新应付款/归还应付款																
原材料入库/更新原料订单																
下原料订单																
更新生产/完工入库																
投资新生产线/变卖生产线/生产线转产																
向其他企业购买原材料/出售原材料																
开始下一批生产																
更新应收款/应收款收现																
出售厂房																
向其他企业购买成品/出售成品																
按订单交货																
产品研发投资																
支付行政管理费																
其他现金收支情况登记																
支付租金/购买厂房																
支付利息/更新长期贷款/申请长期贷款																
支付设备维护费																
计提折旧													(		)	
新市场开拓/ISO 资格认证投资																
产成品入库合计																
产成品出库合计																
期末产成品对账(请填余额)																
结账																

(　　　)公司广告报价单

第一年本地				第二年本地				第三年本地				第四年本地				第五年本地				第六年本地			
产品	广告	9K	14K	产品	广告	9K	14K	产品	广告	9K	14K	产品	广告	9K	14K	产品	广告	9K	14K	产品	广告	9K	14K
P1				P1				P1				P1				P1				P1			
P2				P2				P2				P2				P2				P2			
P3				P3				P3				P3				P3				P3			
P4				P4				P4				P4				P4				P4			

第一年区域				第二年区域				第三年区域				第四年区域				第五年区域				第六年区域			
产品	广告	9K	14K	产品	广告	9K	14K	产品	广告	9K	14K	产品	广告	9K	14K	产品	广告	9K	14K	产品	广告	9K	14K
P1				P1				P1				P1				P1				P1			
P2				P2				P2				P2				P2				P2			
P3				P3				P3				P3				P3				P3			
P4				P4				P4				P4				P4				P4			

第一年国内				第二年国内				第三年国内				第四年国内				第五年国内				第六年国内			
产品	广告	9K	14K	产品	广告	9K	14K	产品	广告	9K	14K	产品	广告	9K	14K	产品	广告	9K	14K	产品	广告	9K	14K
P1				P1				P1				P1				P1				P1			
P2				P2				P2				P2				P2				P2			
P3				P3				P3				P3				P3				P3			
P4				P4				P4				P4				P4				P4			

第一年亚洲				第二年亚洲				第三年亚洲				第四年亚洲				第五年亚洲				第六年亚洲			
产品	广告	9K	14K	产品	广告	9K	14K	产品	广告	9K	14K	产品	广告	9K	14K	产品	广告	9K	14K	产品	广告	9K	14K
P1				P1				P1				P1				P1				P1			
P2				P2				P2				P2				P2				P2			
P3				P3				P3				P3				P3				P3			
P4				P4				P4				P4				P4				P4			

第一年国际				第二年国际				第三年国际				第四年国际				第五年国际				第六年国际			
产品	广告	9K	14K	产品	广告	9K	14K	产品	广告	9K	14K	产品	广告	9K	14K	产品	广告	9K	14K	产品	广告	9K	14K
P1				P1				P1				P1				P1				P1			
P2				P2				P2				P2				P2				P2			
P3				P3				P3				P3				P3				P3			
P4				P4				P4				P4				P4				P4			

注：9K 表示 ISO 9000 认证，14K 表示 ISO 14000 认证。

操作记录

2.6 企业经营过程记录表(三)

(　　)公司生产总监

起 始 年

企业经营流程 请按顺序执行下列各项操作。					每执行完一项相关操作，生产总监(助理)在方格中填写在制品生产和产品研发投资情况。											
新年度规划会议																
参加订货会/登记销售订单																
制订新年度计划																
支付应付税																
		一季度				二季度				三季度				四季度		
在制品台账	P1	P2	P3	P4	P1	P2	P3	P4	P1	P2	P3	P4	P1	P2	P3	P4
期初在制品盘点(请填余额)																
更新短期贷款/还本付息/申请短期贷款(高利贷)																
更新应付款/归还应付款																
原材料入库/更新原料订单																
下原料订单																
更新生产/完工入库																
投资新生产线/变卖生产线/生产线转产																
向其他企业购买原材料/出售原材料																
开始下一批生产																
更新应收款/应收款收现																
出售厂房																
向其他企业购买成品/出售成品																
按订单交货																
产品研发投资																
支付行政管理费																
其他现金收支情况登记																
支付租金/购买厂房																
支付利息/更新长期贷款/申请长期贷款																
支付设备维护费																
计提折旧																
新市场开拓/ISO资格认证投资																
在制品上线合计																
在制品下线合计																
期末在制品对账(请填余额)																
结账																

第 一 年

企业经营流程 请按顺序执行下列各项操作。		每执行完一项相关操作，生产总监(助理)在方格中填写在制品生产和产品研发投资情况。														
新年度规划会议																
参加订货会/登记销售订单																
制订新年度计划																
支付应付税																
		一季度				二季度				三季度				四季度			
在制品台账		P1	P2	P3	P4	P1	P2	P3	P4	P1	P2	P3	P4	P1	P2	P3	P4
期初在制品盘点(请填余额)																
更新短期贷款/还本付息/申请短期贷款(高利贷)																
更新应付款/归还应付款																
原材料入库/更新原料订单																
下原料订单																
更新生产/完工入库																
投资新生产线/变卖生产线/生产线转产																
向其他企业购买原材料/出售原材料																
开始下一批生产																
更新应收款/应收款收现																
出售厂房																
向其他企业购买成品/出售成品																
按订单交货																
产品研发投资																
支付行政管理费																
其他现金收支情况登记																
支付租金/购买厂房																
支付利息/更新长期贷款/申请长期贷款																
支付设备维护费																
计提折旧																
新市场开拓/ISO 资格认证投资																
在制品上线合计																
在制品下线合计																
期末在制品对账(请填余额)																
结账																

第 二 年

企业经营流程 请按顺序执行下列各项操作。		每执行完一项相关操作,生产总监(助理)在方格中填写在制品生产和产品研发投资情况。													
新年度规划会议															
参加订货会/登记销售订单															
制订新年度计划															
支付应付税															
		一季度				二季度				三季度				四季度	
在制品台账		P1	P2	P3	P4	P1	P2	P3	P4	P1	P2	P3	P4	P1	P2	P3	P4
期初在制品盘点(请填余额)															
更新短期贷款/还本付息/申请短期贷款(高利贷)															
更新应付款/归还应付款															
原材料入库/更新原料订单															
下原料订单															
更新生产/完工入库															
投资新生产线/变卖生产线/生产线转产															
向其他企业购买原材料/出售原材料															
开始下一批生产															
更新应收款/应收款收现															
出售厂房															
向其他企业购买成品/出售成品															
按订单交货															
产品研发投资															
支付行政管理费															
其他现金收支情况登记															
支付租金/购买厂房															
支付利息/更新长期贷款/申请长期贷款															
支付设备维护费															
计提折旧															
新市场开拓/ISO 资格认证投资															
在制品上线合计															
在制品下线合计															
期末在制品对账(请填余额)															
结账															

第 三 年

企业经营流程 请按顺序执行下列各项操作。	每执行完一项相关操作,生产总监(助理)在方格中填写在制品生产和产品研发投资情况。															
新年度规划会议																
参加订货会/登记销售订单																
制订新年度计划																
支付应付税																
		一季度				二季度				三季度				四季度		
在制品台账		P1	P2	P3	P4	P1	P2	P3	P4	P1	P2	P3	P4	P1	P2	P3	P4
期初在制品盘点(请填余额)																
更新短期贷款/还本付息/申请短期贷款(高利贷)																
更新应付款/归还应付款																
原材料入库/更新原料订单																
下原料订单																
更新生产/完工入库																
投资新生产线/变卖生产线/生产线转产																
向其他企业购买原材料/出售原材料																
开始下一批生产																
更新应收款/应收款收现																
出售厂房																
向其他企业购买成品/出售成品																
按订单交货																
产品研发投资																
支付行政管理费																
其他现金收支情况登记																
支付租金/购买厂房																
支付利息/更新长期贷款/申请长期贷款																
支付设备维护费																
计提折旧																
新市场开拓/ISO资格认证投资																
在制品上线合计																
在制品下线合计																
期末在制品对账(请填余额)																
结账																

第 四 年

企业经营流程
请按顺序执行下列各项操作。

每执行完一项相关操作,生产总监(助理)在方格中填写在制品生产和产品研发投资情况。

		一季度				二季度				三季度				四季度			
新年度规划会议																	
参加订货会/登记销售订单																	
制订新年度计划																	
支付应付税																	
		P1	P2	P3	P4	P1	P2	P3	P4	P1	P2	P3	P4	P1	P2	P3	P4
在制品台账																	
期初在制品盘点(请填余额)																	
更新短期贷款/还本付息/申请短期贷款(高利贷)																	
更新应付款/归还应付款																	
原材料入库/更新原料订单																	
下原料订单																	
更新生产/完工入库																	
投资新生产线/变卖生产线/生产线转产																	
向其他企业购买原材料/出售原材料																	
开始下一批生产																	
更新应收款/应收款收现																	
出售厂房																	
向其他企业购买成品/出售成品																	
按订单交货																	
产品研发投资																	
支付行政管理费																	
其他现金收支情况登记																	
支付租金/购买厂房																	
支付利息/更新长期贷款/申请长期贷款																	
支付设备维护费																	
计提折旧																	
新市场开拓/ISO资格认证投资																	
在制品上线合计																	
在制品下线合计																	
期末在制品对账(请填余额)																	
结账																	

第 五 年

企业经营流程 请按顺序执行下列各项操作。	每执行完一项相关操作，生产总监(助理)在方格中填写在制品生产和产品研发投资情况。																
新年度规划会议																	
参加订货会/登记销售订单																	
制订新年度计划																	
支付应付税																	
		一季度				二季度				三季度				四季度			
在制品台账		P1	P2	P3	P4	P1	P2	P3	P4	P1	P2	P3	P4	P1	P2	P3	P4
期初在制品盘点(请填余额)																	
更新短期贷款/还本付息/申请短期贷款(高利贷)																	
更新应付款/归还应付款																	
原材料入库/更新原料订单																	
下原料订单																	
更新生产/完工入库																	
投资新生产线/变卖生产线/生产线转产																	
向其他企业购买原材料/出售原材料																	
开始下一批生产																	
更新应收款/应收款收现																	
出售厂房																	
向其他企业购买成品/出售成品																	
按订单交货																	
产品研发投资																	
支付行政管理费																	
其他现金收支情况登记																	
支付租金/购买厂房																	
支付利息/更新长期贷款/申请长期贷款																	
支付设备维护费																	
计提折旧																	
新市场开拓/ISO 资格认证投资																	
在制品上线合计																	
在制品下线合计																	
期末在制品对账(请填余额)																	
结账																	

第 六 年

企业经营流程 请按顺序执行下列各项操作。		每执行完一项相关操作,生产总监(助理)在方格中填写在制品生产和产品研发投资情况。											
新年度规划会议													
参加订货会/登记销售订单													
制订新年度计划													
支付应付税													
		一季度				二季度				三季度				四季度
在制品台账		P1	P2	P3	P4	P1	P2	P3	P4	P1	P2	P3	P4
期初在制品盘点(请填余额)													
更新短期贷款/还本付息/申请短期贷款(高利贷)													
更新应付款/归还应付款													
原材料入库/更新原料订单													
下原料订单													
更新生产/完工入库													
投资新生产线/变卖生产线/生产线转产													
向其他企业购买原材料/出售原材料													
开始下一批生产													
更新应收款/应收款收现													
出售厂房													
向其他企业购买成品/出售成品													
按订单交货													
产品研发投资													
支付行政管理费													
其他现金收支情况登记													
支付租金/购买厂房													
支付利息/更新长期贷款/申请长期贷款													
支付设备维护费													
计提折旧													
新市场开拓/ISO 资格认证投资													
在制品上线合计													
在制品下线合计													
期末在制品对账(请填余额)													
结账													

生产计划及采购计划编制(1—3年)

生产线		第一年				第二年				第三年			
		一季度	二季度	三季度	四季度	一季度	二季度	三季度	四季度	一季度	二季度	三季度	四季度
1	产品												
	材料												
2	产品												
	材料												
3	产品												
	材料												
4	产品												
	材料												
5	产品												
	材料												
6	产品												
	材料												
7	产品												
	材料												
8	产品												
	材料												
合计	产品												
	材料												

生产计划及采购计划编制(4—6年)

生产线		第四年				第五年				第六年			
		一季度	二季度	三季度	四季度	一季度	二季度	三季度	四季度	一季度	二季度	三季度	四季度
1	产品												
	材料												
2	产品												
	材料												
3	产品												
	材料												
4	产品												
	材料												
5	产品												
	材料												
6	产品												
	材料												
7	产品												
	材料												
8	产品												
	材料												
合计	产品												
	材料												

操作记录

2.7 企业经营过程记录表(四)

(　　)公司采购总监

起　始　年

企业经营流程 请按顺序执行下列各项操作。	每执行完一项相关操作,采购总监(助理)在方格中填写材料收支情况。															
新年度规划会议																
参加订货会/登记销售订单																
制订新年度计划																
支付应付税																
		一季度				二季度				三季度				四季度		
原材料库存台账	R1	R2	R3	R4	R1	R2	R3	R4	R1	R2	R3	R4	R1	R2	R3	R4
期初原料盘点(请填余额)																
更新短期贷款/还本付息/申请短期贷款(高利贷)																
更新应付款/归还应付款																
原材料入库/更新原料订单																
下原料订单																
更新生产/完工入库																
投资新生产线/变卖生产线/生产线转产																
向其他企业购买原材料/出售原材料																
开始下一批生产																
更新应收款/应收款收现																
出售厂房																
向其他企业购买成品/出售成品																
按订单交货																
产品研发投资																
支付行政管理费																
其他现金收支情况登记																
支付租金/购买厂房																
支付利息/更新长期贷款/申请长期贷款																
支付设备维护费																
计提折旧																
新市场开拓/ISO 资格认证投资																
材料入库合计																
材料出库合计																
期末材料对账(请填余额)																
结账																

第 一 年

企业经营流程 请按顺序执行下列各项操作。		每执行完一项相关操作，采购总监(助理)在方格中填写材料收支情况。															
新年度规划会议																	
参加订货会/登记销售订单																	
制订新年度计划																	
支付应付税																	
		一季度				二季度				三季度				四季度			
原材料库存台账		R1	R2	R3	R4	R1	R2	R3	R4	R1	R2	R3	R4	R1	R2	R3	R4
期初原料盘点(请填余额)																	
更新短期贷款/还本付息/申请短期贷款(高利贷)																	
更新应付款/归还应付款																	
原材料入库/更新原料订单																	
下原料订单																	
更新生产/完工入库																	
投资新生产线/变卖生产线/生产线转产																	
向其他企业购买原材料/出售原材料																	
开始下一批生产																	
更新应收款/应收款收现																	
出售厂房																	
向其他企业购买成品/出售成品																	
按订单交货																	
产品研发投资																	
支付行政管理费																	
其他现金收支情况登记																	
支付租金/购买厂房																	
支付利息/更新长期贷款/申请长期贷款																	
支付设备维护费																	
计提折旧																	
新市场开拓/ISO资格认证投资																	
材料入库合计																	
材料出库合计																	
期末材料对账(请填余额)																	
结账																	

第 二 年

企业经营流程
请按顺序执行下列各项操作。

每执行完一项相关操作，采购总监(助理)在方格中填写材料收支情况。

企业经营流程		一季度				二季度				三季度				四季度			
新年度规划会议																	
参加订货会/登记销售订单																	
制订新年度计划																	
支付应付税																	
		一季度				二季度				三季度				四季度			
原材料库存台账		R1	R2	R3	R4	R1	R2	R3	R4	R1	R2	R3	R4	R1	R2	R3	R4
期初原料盘点(请填余额)																	
更新短期贷款/还本付息/申请短期贷款(高利贷)																	
更新应付款/归还应付款																	
原材料入库/更新原料订单																	
下原料订单																	
更新生产/完工入库																	
投资新生产线/变卖生产线/生产线转产																	
向其他企业购买原材料/出售原材料																	
开始下一批生产																	
更新应收款/应收款收现																	
出售厂房																	
向其他企业购买成品/出售成品																	
按订单交货																	
产品研发投资																	
支付行政管理费																	
其他现金收支情况登记																	
支付租金/购买厂房																	
支付利息/更新长期贷款/申请长期贷款																	
支付设备维护费																	
计提折旧																	
新市场开拓/ISO 资格认证投资																	
材料入库合计																	
材料出库合计																	
期末材料对账(请填余额)																	
结账																	

第 三 年

企业经营流程 请按顺序执行下列各项操作。	每执行完一项相关操作，采购总监(助理)在方格中填写材料收支情况。															
新年度规划会议																
参加订货会/登记销售订单																
制订新年度计划																
支付应付税																
		一季度				二季度				三季度				四季度		
原材料库存台账	R1	R2	R3	R4	R1	R2	R3	R4	R1	R2	R3	R4	R1	R2	R3	R4
期初原料盘点(请填余额)																
更新短期贷款/还本付息/申请短期贷款(高利贷)																
更新应付款/归还应付款																
原材料入库/更新原料订单																
下原料订单																
更新生产/完工入库																
投资新生产线/变卖生产线/生产线转产																
向其他企业购买原材料/出售原材料																
开始下一批生产																
更新应收款/应收款收现																
出售厂房																
向其他企业购买成品/出售成品																
按订单交货																
产品研发投资																
支付行政管理费																
其他现金收支情况登记																
支付租金/购买厂房																
支付利息/更新长期贷款/申请长期贷款																
支付设备维护费																
计提折旧																
新市场开拓/ISO 资格认证投资																
材料入库合计																
材料出库合计																
期末材料对账(请填余额)																
结账																

第 四 年

企业经营流程
请按顺序执行下列各项操作。

每执行完一项相关操作，采购总监(助理)在方格中填写材料收支情况。

企业经营流程		一季度				二季度				三季度				四季度			
新年度规划会议																	
参加订货会/登记销售订单																	
制订新年度计划																	
支付应付税																	
		一季度				二季度				三季度				四季度			
原材料库存台账		R1	R2	R3	R4	R1	R2	R3	R4	R1	R2	R3	R4	R1	R2	R3	R4
期初原料盘点(请填余额)																	
更新短期贷款/还本付息/申请短期贷款(高利贷)																	
更新应付款/归还应付款																	
原材料入库/更新原料订单																	
下原料订单																	
更新生产/完工入库																	
投资新生产线/变卖生产线/生产线转产																	
向其他企业购买原材料/出售原材料																	
开始下一批生产																	
更新应收款/应收款收现																	
出售厂房																	
向其他企业购买成品/出售成品																	
按订单交货																	
产品研发投资																	
支付行政管理费																	
其他现金收支情况登记																	
支付租金/购买厂房																	
支付利息/更新长期贷款/申请长期贷款																	
支付设备维护费																	
计提折旧																	
新市场开拓/ISO资格认证投资																	
材料入库合计																	
材料出库合计																	
期末材料对账(请填余额)																	
结账																	

第 五 年

企业经营流程 请按顺序执行下列各项操作。	每执行完一项相关操作，采购总监(助理)在方格中填写材料收支情况。																
新年度规划会议																	
参加订货会/登记销售订单																	
制订新年度计划																	
支付应付税																	
		一季度				二季度				三季度				四季度			
原材料库存台账		R1	R2	R3	R4	R1	R2	R3	R4	R1	R2	R3	R4	R1	R2	R3	R4
期初原料盘点(请填余额)																	
更新短期贷款/还本付息/申请短期贷款(高利贷)																	
更新应付款/归还应付款																	
原材料入库/更新原料订单																	
下原料订单																	
更新生产/完工入库																	
投资新生产线/变卖生产线/生产线转产																	
向其他企业购买原材料/出售原材料																	
开始下一批生产																	
更新应收款/应收款收现																	
出售厂房																	
向其他企业购买成品/出售成品																	
按订单交货																	
产品研发投资																	
支付行政管理费																	
其他现金收支情况登记																	
支付租金/购买厂房																	
支付利息/更新长期贷款/申请长期贷款																	
支付设备维护费																	
计提折旧																	
新市场开拓/ISO 资格认证投资																	
材料入库合计																	
材料出库合计																	
期末材料对账(请填余额)																	
结账																	

第 六 年

企业经营流程 请按顺序执行下列各项操作。	每执行完一项相关操作，采购总监(助理)在方格中填写材料收支情况。															
新年度规划会议																
参加订货会/登记销售订单																
制订新年度计划																
支付应付税																
		一季度				二季度				三季度				四季度		
原材料库存台账	R1	R2	R3	R4	R1	R2	R3	R4	R1	R2	R3	R4	R1	R2	R3	R4
期初原料盘点(请填余额)																
更新短期贷款/还本付息/申请短期贷款(高利贷)																
更新应付款/归还应付款																
原材料入库/更新原料订单																
下原料订单																
更新生产/完工入库																
投资新生产线/变卖生产线/生产线转产																
向其他企业购买原材料/出售原材料																
开始下一批生产																
更新应收款/应收款收现																
出售厂房																
向其他企业购买成品/出售成品																
按订单交货																
产品研发投资																
支付行政管理费																
其他现金收支情况登记																
支付租金/购买厂房																
支付利息/更新长期贷款/申请长期贷款																
支付设备维护费																
计提折旧																
新市场开拓/ISO 资格认证投资																
材料入库合计																
材料出库合计																
期末材料对账(请填余额)																
结账																

(　　　)公司采购登记表

第一年	第一季				第二季				第三季				第四季			
原材料	R1	R2	R3	R4	R1	R2	R3	R4	R1	R2	R3	R4	R1	R2	R3	R4
订购数量																
采购入库																

第二年	第一季				第二季				第三季				第四季			
原材料	R1	R2	R3	R4	R1	R2	R3	R4	R1	R2	R3	R4	R1	R2	R3	R4
订购数量																
采购入库																

第三年	第一季				第二季				第三季				第四季			
原材料	R1	R2	R3	R4	R1	R2	R3	R4	R1	R2	R3	R4	R1	R2	R3	R4
订购数量																
采购入库																

第四年	第一季				第二季				第三季				第四季			
原材料	R1	R2	R3	R4	R1	R2	R3	R4	R1	R2	R3	R4	R1	R2	R3	R4
订购数量																
采购入库																

第五年	第一季				第二季				第三季				第四季			
原材料	R1	R2	R3	R4	R1	R2	R3	R4	R1	R2	R3	R4	R1	R2	R3	R4
订购数量																
采购入库																

第六年	第一季				第二季				第三季				第四季			
原材料	R1	R2	R3	R4	R1	R2	R3	R4	R1	R2	R3	R4	R1	R2	R3	R4
订购数量																
采购入库																

操作记录

2.8 人力资源总监附加用表

(　　)公司人力资源总监

(1) 记录每个成员的出勤情况。

成员出勤表

	CEO	COO	财务	营销	生产	采购	人力
起始年							
第一年							
第二年							
第三年							
第四年							
第五年							
第六年							

(2) 记录每个成员在企业运行中出错的情况。

_____

_____

(3) 记录团队成员获裁判组奖励的情况。

_____

_____

(4) 记录团队成员受裁判组处罚的情况。

_____

_____

(5) 记录其他情况。

_____

_____

_____

(6) 对团队成员参与度与贡献度提出综合排名的建议。

说明：此排名建议提交 CEO 做最终决定后交指导教师，CEO 本人不参加此排名，其成绩由指导教师直接给出。

_____

_____

_____

第三篇 总结篇

只有善于思考和总结的人，才能获得最大的收获与提高。

成长在于积累。笔记是积累的一种方式，这种方式最笨，也最聪明。它记录了你的发现、成长、感悟，把它们收集起来，就是你的财富，也是你永久的珍藏。

3.0 开篇语

竞赛的过程是热闹的，但真正的收获与提高是竞赛后的总结和交流。经过了3天模拟后，及时、认真地总结和反思是必要的。赢要知道赢在哪，输也要知道输在哪。不知道赢在哪不是真正的赢，只能说是"瞎猫碰上了死耗子"。赢者也会有失误的地方，输者也会有精彩的地方，只有挖掘出成败背后的原因才是真正的赢家。如果受训者能在模拟操作的基础上进行深刻的反思与总结，并挖掘出成败背后的原因就是真正的赢家，学到了知识，获得了提升。

竞赛从来都不是目的，通过竞赛使大家都进行了最大的发挥，得到了最大的锻炼，这才是最有价值的。从这个角度来说，只要你尽了最大的努力，不管是赢还是输，都是赢家。3天的竞赛带给我们的是启迪，是思考，是发现自己。只有实践才能真正检验我们学到了什么，才能真正超越自己。

通过 3 天的学习和竞赛,你肯定有很多感想,知识和技能也装了一箩筐,虽然可能仅仅是知识点。你可能会有些许遗憾,因为你总是匆忙行动而顾不上运用刚学到的知识,或者是想当然地认为应该怎么做而忽略了本竞赛的市场规则和企业运行规则,致使运营出错或是竞赛失利。你可能会有一个小小的愿望:假如我们可以重新再来……

那么,就开动你的脑筋,拿起你的笔进行反思和总结吧!

本篇还提供了五篇阅读材料,分别从正确认识战略与战略决策,如何思考一个成长型公司的战略决策,企业发展快与慢的辩证关系,多元化的误区和重视制定战略的方法论等角度阐述了公司的战略选择、经营方略与竞争策略等问题,供参训者总结提高时参考。

3.1 受训者日常记录

成长在于积累。笔记是积累的一种方式,这种方式最笨,也最聪明。它记录了你的发现、成长、感悟。把它们收集起来,就是你的财富,也是你永久的珍藏(不够可另加附页)。

第一年小结

1. 学会了什么?

2. 企业经营中较顺利的环节是什么?

3. 企业经营中遇到的困境是什么?

4. 下一年将如何改进？

第二年小结

1. 学会了什么？

2. 企业经营中较顺利的环节是什么？

3. 企业经营中遇到的困境是什么？

4. 下一年将如何改进？

第三年小结

1. 学会了什么？

2. 企业经营中较顺利的环节是什么？

3. 企业经营中遇到的困境是什么？

4. 下一年将如何改进？

第四年小结

1. 学会了什么？

2. 企业经营中较顺利的环节是什么？

3. 企业经营中遇到的困境是什么？

4. 下一年将如何改进？

第五年小结

1. 学会了什么？

2. 企业经营中较顺利的环节是什么？

3. 企业经营中遇到的困境是什么？

4. 下一年将如何改进？

第六年小结

1. 您对经营的成果满意吗？为什么？

2. 本次训练中您有什么遗憾？

3. 本次训练中您有什么经验和大家分享？

4. 您对自己的团队有什么希望和建议？

3.2 对经营规划的再思考

企业经营的本质是盈利,那么我们不妨从"如何盈利"入手,逐级展开以下6个问题的探讨。

(1) 利润不足是成本过高还是销售不足?

(2) 如果是成本过高,找出控制成本的有效方法。

(3) 如果是销售不足,分析是什么原因造成的。

(4) 如果企业所处行业已经没有利润空间,考虑尽早进行行业调整。

(5) 如果通过市场分析,感觉企业的细分市场不够大,则要么加大市场投入,要么需要重新定位。

(6) 如果既不是行业的问题,也不是市场的问题,那么问题应该是出在管理上,就需要细化管理,内部改进(不够可另加附页)。

知识链接1

企业经营分析——基于企业战略的视角

在ERP沙盘模拟经营过程中,6个初始状态设置完全一样的企业,经过几年的经营,就会出现不同的状态,有的高歌猛进,有的步履维艰,甚或已经破产倒闭,为什么会产生如此不同的结果?首先我们从企业战略的视角来做一个简要分析。

企业战略,就是描述一个企业打算如何实现自己的目标和使命。为什么需要战略?根本原因是资源有限,如何让有限的资源产生最大的效益就是企业战略要解决的问题。企业战略分析的实质在于通过对企业自身及企业所在行业或企业拟进入行业的分析,明确企业自身定位及应采取的竞争策略,以权衡收益与风险,了解和掌握企业的发展潜力,特别是在企业价值创造或盈利方面的潜力,主要包括自身的优劣势分析,外部环境如行业的机会与威胁分析,以及竞争策略选择等方面。

对于ERP沙盘模拟实训而言,企业初始状态设置是一样的,但不同的团队对风险的认识和承受能力是不同的。各经营团队都进入相同的行业,但所进入的市场和所研发的产品可以有所不同。当然,如果你的资源足够多,则可以开辟所有的市场和研发所有的产品,但非常不幸的是,你的资源不够!如果你从一开始就开发所有的产品,同时开辟所有的市场,你一定会因为现金断流而破产倒闭。这就是上面说的资源有限,也是需要战略的根本原因。你需要做出选择!所以CEO领导下的团队如何选择竞争策略成为能否成功的关键。

基本竞争策略主要包括低成本、差异化和专业化3种。由于系统的限制,在ERP沙盘模拟实训中主要涉及低成本和差异化两种策略。这两种策略的不同,直接决定企业产品的毛利空间,而企业毛利空间的不同,直接决定了企业在营销、融资、市场开发上投入的空间大小。

产品毛利＝产品价格－产品直接成本

产品毛利率＝产品毛利÷产品价格

在 ERP 沙盘模拟实训中，各经营团队将面临本地、区域、国内、亚洲、国际 5 个市场和 P1、P2、P3、P4 4 种不同的 P 系列产品。这 4 种不同的 P 系列产品在不同的市场和不同的阶段其价格和市场需求量是不同的。为此，企业在制定市场开发战略时，应结合产品开发策略和企业生产能力综合考虑。

例如，企业重点生产的产品是 P4，如果 P4 产品的需求量主要集中在区域、国内和亚洲市场，国际市场需求很小，那么企业就应该回避国际市场，重点占领区域、国内和亚洲市场。传统的竞争策略分析认为，低成本与差异化策略是相互排斥的，所以处于两种策略中间的企业是危险的。

在实训过程中，我们看到很多经营团队在经营之初同时申请 ISO 9000 及 ISO 14000 两项认证，后期却仍然以 P 系列低端产品为主要产品，造成了认证成本及资格维护成本的浪费，影响了企业利润。同时，某些经营团队在低成本策略指导下企业经营难以维持，被迫拟实行产品差异战略，但是认证又需要周期，导致企业陷入了产品转型的困境。

通过毛利率分析应该清醒地认识到，企业必须及早确定竞争战略，并能根据竞争对手的策略、市场环境的变化进行调整，在 CEO 的带领下将竞争策略渗透到企业的运营过程。各经营团队也应该在实训结束后，回顾对企业战略的把握，分析得失。

知识链接2

企业经营分析——基于企业营销的视角

在经营团队的职责安排中，营销总监扮演着十分重要的角色，谁拥有市场，谁就拥有了主动权；而市场的获得又与各企业的市场分析和广告营销计划相关，并要与生产相适应。下面简要分析广告投入产出比和市场占有率两项指标。

1. 广告投入产出比

广告投入产出比是评价广告投入效率的指标。其计算公式如下。

广告投入产出比＝订单销售额÷广告费投入

该比率越大，说明企业的广告投放效率越高。但该指标不能只看自己，而是要横向与竞争对手比较来看，从而比较各企业在广告投入效率上的差异。这个指标告诉经营者本公司与竞争对手之间在广告投入策略上的差距，以警示营销总监要深入分析市场和竞争对手，寻求节约成本、以策略取胜的突破口。

2. 市场占有率

市场占有率表明本企业在市场中的地位。其计算公式如下。

市场占有率＝企业在某一特定市场的销售额÷该市场需求总额

该比率越高,说明产品销售情况越好。在产能允许的情况下,应尽可能地提高市场占有率。在企业产、供、销各环节中,销售有着特别重要的意义,只有实现了销售,才能回笼资金,实现利润,完成一个完整的资金循环。

在ERP沙盘模拟实训过程中,市场占有率高的企业可以在下一年度中使用较低的广告成本实现高额销售收入,模拟经营团队至少要在某一个市场中牢牢占据市场老大的地位,也只有这样才有获胜的可能。

需要注意的是,以上两个指标应该结合在一起分析。如果一个企业只是广告投入产出比高,但市场占有率不高,并不是好现象,只有两个指标都高,才是好状态。

知识链接3

企业经营分析——基于企业运营的视角

企业运营资产的主体是流动资产和固定资产,其利用能力和效率从根本上决定了企业的经营状况和经济效益。对此加以分析,可以了解企业的运营状况和管理水平。资产周转速度越快,表明资产可供运用的机会越多,资产利用效率越高;反之,则表明资产利用效率越低。

这样就可以通过产品销售与企业资金占用量来分析企业的资金周转状况,评价企业的运营能力。常用的指标有存货周转率、应收账款周转率、流动资产周转率、固定资产周转率、总资产周转率等。本文主要介绍存货周转率、应收账款周转率、固定资产周转率。

1. 存货周转率

企业存货的周转是指以货币资金购入生产经营所需材料物资开始,形成原材料存货;然后投入生产过程中进行加工,形成在制品存货;当加工结束之后则形成产品存货,然后通过销售取得货币资金,表示存货的一个循环完成。当存货从一种形态转化为另一种形态较快时,存货的周转速度也就很快。其计算公式如下。

$$存货周转率 = 营业成本 \div 存货平均余额$$
$$存货平均余额 = (期初存货 + 期末存货) \div 2$$

公式中的"营业成本"即利润表中的直接成本,期初与期末存货均可从资产负债表中由在制品、成品和原料3项相加所得。一般来说,存货周转率高,说明其存货的占用水平低、流动性强、产品积压少,存货转化为现金和应收款的速度快;存货周转率低,说明企业经营不善、产品滞销。但过高的存货周转率也可能说明企业经营管理出现了问题,如存货水平不足,导致缺货或原材料供应不足;采购批量较小,导致生产线闲置;等等。

一个适度的存货周转速度除应参考企业的历史水平之外,还应当参考同行业的平均水平,并不是越高越好。当然,短期存货周转水平也与企业战略息息相关。例如,经营团队生产P3产品后囤积,计划待市场销路顺畅时占领市场,这也可能导致囤积期间存货周转率较低。因此,企业可以连续看一个较长时期的存货周转率。

2. 应收账款周转率

应收账款周转率是评价应收账款流动性大小的一个重要财务比率，它是企业一定时期内赊销收入净额和应收账款平均余额的比率。其计算公式如下。

$$应收账款周转率＝赊销收入净额÷应收账款平均余额$$

$$应收账款平均余额＝(期初应收账款余额＋期末应收账款余额)÷2$$

公式中的"赊销收入净额"即利润表中的销售收入，应收账款期初及期末余额反映在资产负债表中的应收款项。该比率说明年度内应收账款转化为现金的平均次数，体现了应收账款的变现速度和企业的收账效率。

一般认为，应收账款周转率越高越好，因为它表明企业收款迅速，可以节约营运资金，减少坏账损失，减少收账费用并且提高资产的流动性。

对营销总监而言，在争取订单的过程中，应收账款的账期也是一个重要的考量标准：销售额相同的情况下，应当选择账期短的订单；在销售额相近的情况下，则应该及早与财务总监沟通预案，进行取舍，避免账期过长带来额外的筹资成本，甚或陷入财务困境。

3. 固定资产周转率

固定资产周转率也称固定资产利用率，用以反映企业固定资产的营运效率。其计算公式如下。

$$固定资产周转率＝销售收入÷固定资产平均净值$$

$$固定资产平均净值＝(期初固定资产净值＋期末固定资产净值)÷2$$

公式中"销售收入"取自利润表，固定资产期初及期末净值取自资产负债表中固定资产合计项。这一比率主要用于对厂房、设备等固定资产的利用效率进行分析。

对固定资产的分析评价应当综合考虑各种因素：如果经营团队期初变卖厂房融资，则固定资产的平均余额自然会比较低；使用全自动生产线或柔性生产线较多的团队，其固定资产的平均余额会高出平均水平，但最终比率的高低取决于销售额的大小。如果生产线昂贵，但没有取得预期的销售收入，会导致较低的固定资产周转率，说明企业的经营管理存在较大的问题。

3.3 改进工作的思路

1. 扩大销售

(1) 提高产品和服务的质量,增加客户满意度。

(2) 提高附加服务。

(3) 加强市场渗透。

(4) 开拓新市场。

(5) 研发新产品、新技术。

(6) 加强企业品牌宣传,改善公司及产品形象。

(7) 集中资源重点投放。

(8) 工程并行。

(9) 扩建或改造生产设备,提高产能。

(10) 提高设备利用率。

2. 降低成本

(1) 消除生产过程中的一切浪费。

(2) 考虑替代料。

(3) 考虑委外、外包。

(4) 节约资源。

(5) 寻求合作。

(6) 规模化、标准化。

3.4 受训者总结

受训者总结提纲。

(1) 简要描述所在企业的经营状况。

(2) 分析所在企业成败的关键点及其原因。
(3) 总结所担任角色的得与失。
(4) 写出对所在企业下一步发展的意见和建议(不够可另加附页)。

3.5 经营竞赛交流

学习别人的长处，弥补自己的短处。6组派代表进行经营的总结交流，不一定都是CEO，也可以是财务总监、营销总监、生产总监等不同角色。同时允许个别发言，作为补充(不够可另加附页)。

3.6 指导教师的点评与分析

记录:

3.7 参加大赛人员心得分享

学到精彩，体会残酷

盛明辉

ERP 沙盘大赛是通过直观的企业经营沙盘来模拟企业的运行状况，让队员在分析市场、制定战略、组织生产、整体营销和财务管理等一系列活动中体会企业经营运作中的全过程，认识企业资源的有限性，从而深刻理解 ERP 的管理思想，领悟科学的管理规律，提升管理能力。同时，真切地体会市场竞争的精彩与残酷，提前感受未来的财富人生，在以后的竞争中就会比别人多一个筹码，多一份从容和自信。

1. 这个世界唯一不变的就是变化

曾经，有许多 ERP 沙盘初学者都在苦苦思索一个问题：究竟有没有一种战略可以确保我们常胜不败呢？然而，经过无数次的实践证明，答案是否定的！没有哪一种战略可以保证我们在任何时间、任何地点战胜任何对手。ERP 沙盘战略的关键在于创新和求变，这与现实生活是一脉相承的。就战略本身而言，没有好坏与强弱之分。今天，我们用此战略获得了胜利，然而，下次比赛面对不同的竞争对手，不同的市场环境，它就很有可能不再奏效。因此，我们在面临比赛、制定战略时，一定要随对手和环境的变化而变化。战略，适合的才是最好的。

2. 小公司的战略就两个词：活下来，挣钱

先求生存，再求发展，这是所有企业必须遵从的规律。企业开始运营阶段虽然有一定的权益，但并不是很高，生存能力也不是很强。因此，企业在制定发展战略时，一定要与企业的实际相结合，控制适当的发展速度。否则，大举投入，全面开花，就会使不高的权益急剧下降，财务状况严重恶化，导致企业陷入极度的困境，甚至破产。这就是关于企业发展的"度"的问题(请参阅书后阅读材料 2：跑马圈地、以快制胜的误区)。

企业战略的核心和重点在于保证企业发展过程中，人、财、物的平衡与统一。具体而言，我们在制定战略时，既要反对裹足不前，又要反对盲目冒进，一定要考虑企业的权益和现金流状况。

3. 小企业要有大胸怀

ERP 沙盘比赛有 6 组团队参加。在比赛经营的过程中，切不可闭门造车，偏安一隅，要有竞争的意识。我们在做好自己的同时，还要密切关注对手的动态和信息，树立全局一盘棋的思想。信息，在当今的社会中，扮演着越来越重要的角色，只有知己知彼，才能百战不殆。在比赛过程中，要注意广泛收集对手的信息，从全局的角度考虑公司的发展，真正实现信息为我所有。

4. 团队合作的基础是真诚和信任

ERP 团队合作也符合"木桶理论",其最终成绩的取得不是取决于团队的最强者,而是取决于团队中的实力最弱者。因此,组建团队时一定要把最合适的人放在最合适的岗位上,把团队的效应发挥到极致。团队成员之间要彼此信任,相互理解,每个成员都要承担相应的责任,不仅要为自己的错误承担责任,也要做好为同伴的失误买单的准备。领导力在顺境的时候,每个人都能显现出来,只有在逆境的时候才能考验真正的领导力,因此,作为团队的领导者(CEO),必须具备良好的心理素质和协调能力。只有每个成员都心怀宽容的心态全力以赴,才能真正组成一个和谐的、有战斗力的团队。

商场如战场,但商场不是战场。战场上只有你死才能我活,而商场上是都活着,但我可以活得更好。

ERP 沙盘赛场就像是无烟的战场,但是,我们必须认识到,赛场绝不是生死的战场。在商业实战中,打败对手从来都不是一种战略。在竞赛过程中,团队之间的关系总是搞得你死我活,特别体现在组间交易上,许多企业选择了同归于尽,而不是互惠互利。其实竞争是比赛过程中的一场游戏,更是一种艺术,竞争者首要的一点是向其他竞争者学习,这样才会进步。

我们一定要怀着一种正确的心态来对待比赛,用一种竞赛的心态参与游戏的过程,用一种游戏的心态来看待竞争的结果。竞赛从来都不是目的,在竞赛中获益和成长,这才是精髓所在。

(盛明辉是获得2008年全国沙盘大赛辽宁省赛区一等奖团队的 CEO,题目为编者所加)

3.8 第五届"用友杯"全国大学生创业设计暨沙盘模拟经营大赛全国总决赛冠军案例

第一年长期贷款为零,短期贷款每季度贷 20M;年初购买大厂房,上 3 条柔性线;产品研发 P2、P3,第一年年末 P2 研发完毕,P3 研发 4 期;市场开拓,开发本地、区域、国内、亚洲、国际 5 个市场;ISO 9000 认证第一期。

第二年年初长期贷款 50M,短期贷款每季度 20M 滚动;第一季度在大厂房上手工线 2 条,第二季度上全自动线 1 条,生产 P2;将剩下 2 期的 P3 产品研发完毕;继续开发国内、亚洲、国际市场;将 ISO 9000 认证完毕。

第三年年初长期贷款 30M,短期贷款每季度 20M 滚动;租小厂房,上手工线 2 条;继续开发亚洲和国际市场;认证 ISO 14000 第一期。

第四年年初长期贷款 40M,短期贷款每季度 20M 滚动;继续租小厂房,在小厂房内新上 1 条全自动线,生产 P3;第二季开始研发 P4 产品,第四年研发 3 期;继续开发国际市场;认证 ISO 14000 第二期。

第五年年初长期借款 30M，短期贷款每季度 20M 滚动；在继续租用的小厂房内新上手工线 1 条；继续研发 P4 产品 3 期。

第六年年初长期借款 50M，短期借款每季度 20M 滚动；第一季度购买小厂房，第四季度时将第一年建的 3 条柔性线和第二年建的 2 条手工线出售。

企业战略规划表

项目	第一年				第二年			
	一季度	二季度	三季度	四季度	一季度	二季度	三季度	四季度
广告费	0				17M			
财务费用	0				4M			
长期贷款	0				50M(5 年)			
短期贷款	20M	20M	20M	20M	20M	20M	20M	20M
厂房	40(大)							
生产线	3×5M (柔)	3×5M	3×5M	3×5M	2×5M (手工)	1×5M (自 P2)	1×5M	1×5M
产品开发	P2 P3	P2 P3	P2 P3	P2 P3	P3	P3		
市场开发	本地 区域 国内 亚洲 国际				国内 亚洲 国际			
ISO 认证	ISO 9000(第一期)				ISO 9000(第二期)			
权益	46M				54M			

项目	第三年				第四年			
	一季度	二季度	三季度	四季度	一季度	二季度	三季度	四季度
广告费	23M				27M			
财务费用	9M				12M			
长期贷款	30M(5 年)				40M(5 年)			
短期贷款	20M	20M	20M	20M	20M	20M	20M	20M
厂房	3(租小)				3(租小)			
生产线	2×5M (手工)				1×5M (自 P3)	1×5M	1×5M	
产品开发						P4	P4	P4
市场开发	亚洲 国际				国内 亚洲 国际			
ISO 认证	ISO 14000(第一期)				ISO 14000(第二期)			
权益	67M				74M			

(续表)

项目	第五年				第六年			
	一季度	二季度	三季度	四季度	一季度	二季度	三季度	四季度
广告费	31M				48M			
财务费用	15M				19M			
长期贷款	30M(5年)				50M(5年)			
短期贷款	20M	20M	20M	20M	20M	20M	20M	20M
厂房	3(租小)				30(买)			
生产线		1×5M (手工)						出售第一年3条柔性线和第二年建成的2条手工线
产品开发	P4	P4	P4					
市场开发								
ISO认证								
权益	102M				166M			

注：该案例由辽宁工程技术大学技术与经济学院陈越、许可老师提供。

3.9 阅读材料1~5

为了节约篇幅，本部分阅读材料将在清华大学出版社网站上提供免费下载，网址：http://www.tupwk.com.cn/downpage。文章题目分别为：《全面认识战略和战略决策》《跑马圈地、以快制胜的误区——极度扩张理论与现实的悖论》《关于新兴寿险公司的战略选择——逆向思维与差异化策略》《融到巨资奈何反招危机》《中外较量：新华 VS 友邦——重视战略制定的方法论》。

参考文献与推荐书目

[1] 刘平. 约创云平台企业经营沙盘模拟实训[M]. 大连：东北财经大学出版社，2021.
[2] 刘平. 企业战略管理[M]. 3版. 北京：清华大学出版社，2020.
[3] 刘平. 企业经营沙盘模拟实训手册[M]. 6版. 大连：东北财经大学出版社，2020.
[4] 王新玲，杨宝刚，等. ERP沙盘模拟高级指导教程[M]. 北京：清华大学出版社，2006.
[5] 王新玲，柯明，等. ERP沙盘模拟学习指导书[M]. 北京：电子工业出版社，2005.
[6] 杨锡怀，冷克平，王江. 企业战略管理[M]. 4版. 北京：高等教育出版社，2016.
[7] 施振荣. 再造宏基[M]. 北京：中信出版社，2005.
[8] 刘平，李坚. 创业学：理论与实践[M]. 3版. 北京：清华大学出版社，2016.
[9] 刘平. 高成长企业的长赢基因[J]. 经理人，2008，(8).
[10] 刘平. 到西部去淘金[N]. 第一财经日报，2006-8-22(A2).
[11] 刘平. 战略管理的辩证法[J]. 企业管理，2005，(10): 33-34.
[12] 刘平. 以快制胜的误区[J]. 管理与财富，2006，(12): 37-39.
[13] 刘平. 新华VS友邦：条条大路通罗马[J]. 中外管理，2006，(5): 49-50.
[14] 刘平. 新兴寿险公司的战略选择[J]. 经理人，2006，(4): 76-77.
[15] 刘平. 智能集团不"壮士断腕"的后果[J]. 经理人，2006，(5): 96-98.

[16] 刘平. 家世界的启示[J]. 销售与市场(中旬刊)，2007，(1): 18-19.

[17] 刘平. 贝塔斯曼：满身光环的失败者[J]. 销售与市场(中旬刊)，2008，(8): 74-77.

[18] 刘平. 快速成长型企业的危机基因[J]. 中外管理，2006，(6): 56-57.

注：本书有个别段落文字引用自网络帖子，由于无从考证原文作者的真实姓名，因此，无法在上述参考文献名单中罗列出来，在此一并感谢。

附 录

第十七届全国大学生创新创业沙盘模拟经营大赛(辽宁省区)暨2021年辽宁省普通高等学校本科大学生创业企业经营模拟沙盘大赛技术手册

竞赛背景资料

约创制造有限公司于2020年成立,是一家生产P系列产品的民营企业,经过一年的经营,企业并没有什么发展。

最近,一家权威机构对该行业的发展前景进行了预测,认为P系列产品将会有较好的发展前景。为了公司在未来几年能够跻身同行业的前列,公司股东大会决定重新聘用一批优秀的年轻人来接手约创制造有限公司,合同期限为4年。

现在你们5人将分别担任总经理、采购总监、生产总监、销售总监、财务总监。请运用你们所学的知识,根据公司现状与未来的市场预测去经营自己的公司吧,相信你们在未来的4年中能够闯出属于自己的一片天地。

公司详情如附表1所示。

附表1 公司详情

公司详情	目前状况
市场资质	本地市场：已开发完成 区域市场：已开发完成 国内市场：未开发 亚洲市场：未开发 国际市场：未开发
现金	500万元

当前资产负债表如附表2所示。

附表2 当前资产负债表

单位：万元

资产	期初数	期末数	负债和所有者权益	期初数	期末数
流动资产：			**负债：**		
现金	500	500	长期负债	0	0
应收款	0	0	短期负债	0	0
在制品	0	0	应付款	0	0
成品	0	0	应交税金	0	0
原料	0	0	一年内到期的长期负债	0	0
流动资产合计	500	500	**负债合计**	0	0
固定资产：			**所有者权益：**		
土地和建筑	0	0	股东资本	500	500
机器与设备	0	0	利润留存	0	0
在建工程	0	0	年度净利	0	0
固定资产合计	0	0	**所有者权益合计**	500	500
资产总计	500	500	**负债和所有者权益总计**	500	500

第一章 通用规则

1.1 比赛相关说明(重要)

根据本场比赛的赛程及场地安排，请参赛人员认真阅读下列说明。

1. 比赛暂停

比赛过程中选手一旦发现因网络、计算机等问题无法进行比赛时，请举手示意，经裁判确认后，由技术裁判暂停本场比赛。暂停时，所有参赛队的虚拟时间冻结在每队的当前日期，不能推进日期。

在每阶段最后 30 秒内发生的故障，技术上不予暂停。

(1) 网络问题。因网络问题造成的故障，裁判有权暂停比赛，在排除故障后，继续本场比赛。

(2) 计算机问题。因选手硬件、计算机问题造成的故障(如重启、卡死等)，裁判有权暂停比赛，在等待 1 分钟后，无论选手是否排除计算机故障，继续本场比赛。

(3) 计算机卡顿。因选手计算机或网络不佳造成的卡顿，裁判不予暂停比赛。选手在每次操作后，系统反馈前，为了避免产生不可取消的订单，当长时间没有反馈时，可尝试刷新页面。

2. 计算机系统建议

计算机使用 1400×900 以上的分辨率，以避免因分辨率过低而造成表单填写问题，如财务报表无法填写等。如果遇到该问题，请使用 Ctrl + 鼠标滚轴/加号来放大浏览器内容。

3. 安装录屏软件

比赛选手需自行安装录屏软件，在比赛前开启。如果因录屏软件未安装或未开启而造成的争议，参赛队需无条件接受裁决结果。

注意，本次比赛不开放代工厂和拍卖功能。

1.2　比赛经营年数及每年运行时间

> 比赛经营年数：4 年。
> 每年分年初、年中和年末 3 个阶段运行，运行时间如下。
> - 年初时段：20 分钟。
> - 年中时段：60 分钟。
> - 年末时段：15 分钟。

每年阶段经营功能的时间分配如附表 3 所示。

附表 3　每年阶段经营功能的时间分配

经营功能	运行启动	年初阶段	年中阶段	年末阶段
促销及计划	裁判手动	5 分钟	×	×
第一次申请订单	自动	10 分钟	×	×
第二次申请订单	自动	5 分钟	×	×
第一季度	裁判手动	×	15 分钟	×
第二季度	裁判手动	×	15 分钟	×
第三季度	裁判手动	×	15 分钟	×
第四季度	裁判手动	×	15 分钟	×
商业情报收集+报表审核上报	裁判手动	×	×	15 分钟

注：×表示"经营功能"在本阶段禁止使用。每阶段的时间表示"经营功能"允许操作的时间，超过这个时间，该功能自动关闭。

1.3 "年初时段"运行操作规则

1. "年初时段"任务清单

"年初时段"用于当年参加各市场的促销广告投放、销售订货会、市场资质的研发投资，以及制订本年经营计划等活动。"年初时段"的任务清单及限定时间如附表4所示。

附表4 "年初时段"的任务清单及限定时间

任务清单	岗位	促销及计划 (5分钟)	申请订单及分配(1) (10分钟)	申请订单及分配(2) (5分钟)
投放促销广告	总经理	√	×	×
市场资质(ISO)投资	总经理	√	√	√
申请销售订单	全岗	×	√	√
贴现	财务	√	√	√
预算费用申报	全岗	√	√	√

2. 促销及计划时段的操作规则

(1) 促销广告的目的是提升该市场中本企业的"企业知名度"排名，订单按照申报者的"企业知名度"排名顺序进行分配。"企业知名度"排名靠前的公司，更容易被分到申报的产品数量。

(2) 投放促销广告只能在附表4规定的时间内进行。

(3) 促销广告分市场投放，每个市场投放的广告只影响本市场当年的企业知名度排名。

3. 第一次申报订单的操作规则

1) 订单申报

(1) 在规定的时间内，各队同时进行订单数量申报，互不冲突。在选单结束进行订单分配时，根据各队的"企业知名度"排序，确定各队实际申报到的订单。

(2) 选手以队为单位进行订单申报，可同时进行所有市场、产品的订单申报。即选择一张订单，填写需要获取的产品数量，然后单击"申报"按钮提交申请，申请产品的数量将被显示在订单表的"申报详情"栏中。

(3) 所有岗位都可以进行任何市场的订单申报，系统只更新接受最后一次单击"申报"的数量。

2) 订单分配

(1) 每张订单按照申请公司的企业知名度排名顺序依次进行分配。

(2) 公司申请某订单的数量小于该订单剩余产品数量时，按照申请的数量全额分配。

(3) 公司申请某订单的数量大于该订单剩余产品数量时，按照该订单剩余数量分配，即申请人只能获得剩余产品数量。

(4) 当某订单的产品剩余数量为"0"时，该订单分配完成，还没排到的公司将不能获得该订单的产品。

3) 相同知名度排名时的"订单分配"

如果两家以上企业知名度排名相同且申请了同一张订单，本着平等分配的原则，按照下述方法进行分配。

(1) 最小申请量平均分配法。取该订单申请排名相同的公司总数 S0 和相同排名各队中最小申请数量 P0，得 M0＝P0×S0。如果 M0 小于订单剩余的产品数量(即订单的产品数量足够让各公司都获得 P0 个产品)，则排名相同的各公司将分配到 P0 数量的产品，依次进行分配，直到 M0 大于订单剩余的产品数量(即订单剩余产品数量不够按照 P0 平均分配)时，执行"按公司数平均分配法"。

(2) 按公司数平均分配法。取剩余公司数 S0 和订单剩余产品数 U0 进行比较，当 U0 大于等于 S0 时，得 M1＝U0÷S0，按照 M1 的取整值将产品分配给每个剩余公司；当 U0 小于 S0(即剩余的产品数量不够剩余公司平均分到 1 个)时，本次分配结束，剩余的产品将进入下一个排名的分配。

4. 第二次申报订单操作规则

第一次未分配完的产品订单在第二次申请阶段显示，已经分配完的订单不再出现在可选订单中。第二次申报订单操作与第一次申报订单相同。第二次申报时间结束后，系统自动进行第二次分配。

1.4 "年中时段"运行操作规则

(1) 年中运行的虚拟时间共为 1 年(4 个季度)，1 年为 12 个月，每 3 个月为 1 季(每季为 1 个阶段)，每月为 30 天。每个季度运行时间为现实时间 15 分钟。

(2) 年中每个季度(阶段)中，各队可进行日期自选。

① 每月。各队可自主在一个月内选择经营日期进行操作(如 1 月 1 日、1 月 30 日)。各队选择时可跳选日期进行操作，但只能向前跳选，禁止回退。

② 每季度。在一个季度中，各队可自行结束每月操作，进入下一月的日期操作(如 1 月 1 日结束，进入 2 月 1 日操作)。但每季度最后一个月，只能等待统一的季度结束时间，不能自主跳至下一季度。

③ 季度结束。设定的季度运行时间结束后，系统将自动结束本季度，所有未完成的操作都将被自动跳转至本季结束状态。

(3) 跳过的日期中如有没完成的操作，系统会自动根据选定的日期判断跳过的操作是否违约。例如，从 3 月 1 日跳到 3 月 10 日，中间的 3 月 5 日有原料到货的操作未执行，则跳到 3 月 10 日时，系统自动判定 3 月 5 日应到货的采购订单为"收货违约"。

(4) 总经理可进行挑选日期操作。

(5) 总经理选择操作日期后，其他操作岗位可单击日期旁的"刷新"按钮，刷新当前日期。

(6) 运行中操作页面上的时间进度条表示本季度运行的剩余时间(系统时间)。

(7) 每年的 12 月份会对本年所有未缴费用进行强制清缴，即：

① 12月份的所有费用的容忍期到期日调整到12月29日。
② 12月30日即对所有未缴费用按照强制扣除处理,并按照OID减值1、OID减值2扣减所有市场OID。

1.5 "年末时段"运行操作规则

"年末时段"所有经营操作均被停止,必须在规定的时间内完成经营报表的填制、上报、核查和商业情报收集。

1. 经营报表填制、上报

经营报表由"费用表""利润表"和"资产负债表"组成,每年各公司需在年末规定的时间内完成经营报表的上报。

经营报表的制作环节为:填制岗位统计表→提交岗位统计表→生成经营报表→上报经营报表。其中:

(1) 岗位统计表包括"经理统计表""采购统计表""销售统计表""财务统计表"和"生产统计表",分别由经理、采购总监、销售总监、财务总监和生产总监各自填报并提交完成。岗位报表可以多次提交,每次提交都刷新上报的经营报表。

(2) 合成的经营报表不能直接修改,必须经岗位报表修改后再次刷新。

(3) 合成的经营报表由总经理或财务总监在"报表上报"功能中单击"提交报表"按钮完成上报,提交后不可修改。

年末结束时,系统自动关闭本年的所有报表操作。

2. 报表核查

待到系统"年末"时,可以在"报表上报"窗口中选择本年查询经营报表的"系统值"和"上报值"的对比数据。

报表对比数据显示格式为系统值/本公司上报值;显示底色表示对比数据的一致与否,其中,"绿色"表示系统值与上报值一致,"粉色"表示系统值与上报值不一致,"黄色"表示没有上报数据。

3. 商业情报收集

进入"年末"时段,可以查询当年的"经营结果排名";也可以通过总经理的"商业情报"功能,查看任何公司的"公司详情",便于了解其他公司的经营动向。现金为负的公司无法获取商业情报。

1.6 "容忍期"和"强制取消/执行"

模拟运行中公司与外界的交易活动(或业务)必须在规定时间内完成(如产品销售订单必须在交货日期前交货、原料订货必须在到货日期收货入库等),否则将降低企业的经营诚信度。

1. 容忍期

凡是在规定日期没有完成的业务操作，允许延迟一段时间继续执行，这个延迟的时段称为"容忍期"。在"容忍期"内除了按照业务要求进行操作外，还必须进行以下操作。

(1) 支付相应的违约金，在支付业务费用的同时支付违约金。

(2) 扣减经营诚信度分数。

2. 强制取消/执行

容忍期结束时仍不能完成业务操作的，该业务将被强制处理，具体操作如下。

(1) 订单取消(包括销售订单、采购订单被取消)，将强制扣除违约金，并额外再扣减"经营诚信度"分数，取消的订单将返回临时市场继续操作。

(2) 费用支付业务强制执行，如应还的贷款或利息等连同违约金。费用将被强制从财务账户中扣除，如果财务账户资金不足，将扣减至负值。

特别说明：

"容忍期"和"强制取消/执行"是两种不同的惩罚措施。容忍期内，原操作仍然可以进行，但将被扣缴违约金，并扣减 OID 减值 1；若强制执行，则不允许进行原操作，并扣除违约金及扣减 OID 减值 1 和 OID 减值 2。

1.7 企业知名度和经营诚信度 OID

1. 企业知名度

"企业知名度"是公众对企业名称、商标、产品等方面认知和了解的程度。企业知名度分市场计算，各公司在一个市场中的企业知名度排名，决定该市场订单分配的先后顺序。而在市场中投放广告可提升企业在该市场的"企业知名度"排名。

广告分为"促销"和"战略"两类。

(1) "促销"广告只能在"年初"订单申请前进行投放，直接用于本年度企业知名度排名，本年"年中"运行开始后，促销广告不再影响企业知名度排名。

(2) "战略"广告在"年中"可随时投放，但是只在每季度末进行计算，下一季度 1 号显示上一季度最终知名度排名，即：年初显示当前排名，第一季度显示年初排名，第二季度显示第一季度排名。战略广告对知名度有延续 3 年的影响，即投放的广告参与各年(3 年)知名度计算。

这两类广告均分市场投放，用于提升企业在该市场的"企业知名度"排名。

2. 经营诚信度

"经营诚信度"(简称 OID)是反应经营信用程度的指标，与公司运行行为关联，不符合规则的业务行为，将减少"经营诚信度"，每项业务的操作或对 OID 产生增值的效应，或对 OID 产生减值的效应。OID 的变化计算公式如下。

某市场的 OID 值＝市场当前 OID 值＋市场 OID 增值－OID 减值

OID 增值每年末自动计算一次，OID 减值计算实时进行。

OID 增值计算项如附表 5 所示。

附表 5　OID 增值计算项

类别	OID 影响因素	影响范围	计算方式
OID 增值	交货无违约	单一市场	常量
	市场占有率	单一市场	计算值
	贷款无违约	全部市场	常量
	付款收货无违约	全部市场	常量

OID 减值计算项如附表 6 所示。

附表 6　OID 减值计算项

类别	OID 影响因素		影响范围
OID 减值	订单违约交单	容忍期内完成	单一市场
		强制执行	
	还贷及利息违约	容忍期内完成	全部市场
		强制执行	
	付款收货违约	容忍期内完成	全部市场
		强制执行	
	年初现金为负	现金为负	全部市场
	支付费用违约	容忍期内完成	全部市场
		强制执行	

注：当年初现金为负值时，全部市场的 OID 值减 0.2。

OID 增减相关的经营操作如附表 7 所示。

附表 7　OID 增减相关的经营操作

序号	动作	岗位	本地OID	区域OID	国内OID	亚洲OID	国际OID	是否容忍	扣减违约金
1	交货无违约	系统	+	+	+	+	+	无	无
2	市场份额	系统	+	+	+	+	+	无	无
3	贷款无违约	系统			+			无	无
4	付款收货无违约	系统			+			无	无
5	订单违约交单	销售	−	−	−	−	−	有	有
6	取消订单强制扣除违约金	销售	−	−	−	−	−	有	有
7	原料订单延迟收货违约	采购			−			有	有
8	取消原料订单强制扣违约金	采购			−			有	有
9	零售市场出售原料未能履约	采购			−			有	有
10	零售市场出售产品未能履约	销售			−			有	有

(续表)

序号	动作	岗位	本地OID	区域OID	国内OID	亚洲OID	国际OID	是否容忍	扣减违约金
11	代工延迟收货违约	销售			–			有	有
12	取消代工订单并强制扣除违约金	销售			–			有	有
13	贷款延迟还款违约	财务			–			有	有
14	强制扣除应还贷款及违约金	财务			–			有	有
15	贷款利息延迟支付违约	财务			–			有	有
16	强制扣除应还贷利息及违约金	财务			–			有	有
17	延迟支付维修费违约	财务			–			有	有
18	强制扣除维修费及违约金	财务			–			有	有
19	延迟支付厂房租金违约	经理			–			有	有
20	强制扣除厂房租金及违约金	经理			–			有	有

综上,企业在某个市场中的知名度与该市场的广告和经营诚信度有关,具体计算公式如下。

某市场企业知名度的量化计算值=该市场当前OID值×(该市场当前年战略广告×第一年有效权重+上年战略广告×第二年有效权重+前年战略广告×第三年有效权重)+该市场当前的促销广告

注:广告和各年有效权重见"广告规则"。

1.8 销售类型与订单分配

销售类型分为订货、临时交易、现货。

1. 订货

订货会在每年年初举行。

2. 临时交易

临时交易是在年中运行期内发生已被分配的订单取消时,重新设定"价格"和"交货期"后在"临时交易"市场中进行交易的活动。

1) 临时交易的规则

临时交易发生在年中(1—12月)的运行期间,若年初订货会中已分配的订单被其他队伍违约取消,则可在订货会的"临时交易"中进行申请分配操作。

2) 临时交易触发的条件

当某公司的订单进入容忍期时,将向所有公司的销售总监发布临时交易市场订单预告,预告信息包括市场名、产品名、产品数量、预计上架日期等。

当容忍期的订单被取消时,取消当日进入"临时交易"市场。

如果预告的临时订单在容忍期完成交货,则不再进入"临时交易"市场。

3. 现货市场订单

每年均可在"现货市场"中根据现货市场价格进行产品和原料的买进或卖出交易活动。
现货交易过程无须市场准入;现货交易直接现金结算。

1.9 商业情报收集

在比赛过程中,其他参赛队的经营状况有两个途径进行收集,具体如下。

(1) 每年年初订单分配后,可从订货会窗口中的"订单分配详情"功能处获取,可以通过"产品""获取人""市场"3个条件任意组合进行过滤筛选,获得整个市场的订单获取情况。

(2) 每年年末,总经理操作获取各队公司详情。现金为负的队伍无法获取情报。

1.10 经营报表操作规则

经营报表格式与数据来源如下。

1) 费用表(见附表 8)

附表 8 费用表

序号	项目	填报岗位
1	管理费	财务
2	广告费	经理
3	设备维护费	财务
4	转产及技改	财务
5	租金	经理
6	市场准入投资	经理
7	产品研发	经理
8	ISO 资格投资	经理
9	信息费	经理
10	培训费	财务
11	基本工资	财务
12	费用合计	=本表 1~11 项之和

2) 利润表(见附表9)

附表9　利润表

序号	项目	数据来源
1	销售收入	产品销售"收入"合计项
2	直接成本	产品生产"成本"合计项
3	毛利	＝本表1项－2项
4	综合费用	费用表"费用合计"项
5	折旧前利润	＝本表3项－4项
6	折旧	财务统计表
7	支付利息前利润	＝本表5项－6项
8	财务费用	财务统计表
9	营业外收支	财务、原料统计表
10	税前利润	＝本表7项－8项＋9项
11	所得税	财务统计表
12	净利润	＝本表10项－11项

注：表中"本年发生"栏数据取自本年的"费用表"和岗位统计表，数据采集的说明详见"费用表"及相关岗位任务中报表部分的说明。

3) 资产负债表(见附表10)

附表10　资产负债表

序号	表项	年初数(上年期末数)	期末数
1	现金		财务统计
2	应收款		财务统计
3	在制品		生产统计
4	产成品		销售统计
5	原材料		采购统计
6	流动资产合计		＝本栏1～5项之和
7	土地和建筑		经理统计
8	机器与设备		生产统计
9	在建工程		生产统计
10	固定资产合计		＝本栏7项＋8项＋9项
11	资产总计		＝本栏6项＋10项
12	长期负债		财务统计
13	短期负债		财务统计
14	应付款		财务统计
15	应交税金		＝本年利润表11项
16	负债合计		＝本栏12项＋13项＋14项＋15项
17	股东资本		财务统计
18	利润留存	＊	＊＝本表年初18项＋年初19项
19	本年利润	＊	＝本年利润表12项

(续表)

序号	表项	年初数(上年期末数)	期末数
20	权益合计		＝本栏17项＋18项＋19项
21	负债＋所有者权益总计		＝本栏16项＋20项

注：表中"年初数"栏数据取自上年的"资产负债表"；"期末数"栏的数据取自本年的"利润表"及相关岗位的本年统计表，数据采集的说明详见"利润表"和相关岗位任务中报表部分的说明。特别注意的是标注"*"的数据，在制作本表时，"年初数"是上年末的"资产负债表"的"期末数"栏的数据，所以制作本表时，需要从上年的"资产负债表"中提取数据。

1.11 比赛结果评分

评分方法如附表11所示。

附表11 评分方法

分值项	分值	评分方法	审核方法	公布方法
经营结果得分	100分	以第四年的系统分数排名顺序确定评分	现场裁判审核	选手签字确认
报表减分	1分/年	每年结束后裁判核对各组报表填写情况	参赛选手、现场裁判、监督签字	选手签字确认

特别说明：

- 报表审核只审核"资产负债表"。
- 全部正确是指报表各项(除所得税外)与系统报表数据完全相同。
- 考虑计算工具的误差，所得税项与系统数据允许误差0.01。

系统分数的计算公式如下。

$$第四年的系统分数＝第四年\ OID\ 平均值 \times 当年权益$$

其中，"OID平均值"是各市场的OID值的平均数。

第四年分数排名评分标准如附表12所示。

附表12 第四年分数排名评分标准

分数排名	得分	分数排名	得分
1	100	11	70
2	97	12	67
3	94	13	64
4	91	14	61
5	88	15	58
6	85	16	55
7	82	17	52
8	79	18	49
9	76	19	46
10	73	20	43

第二章 总经理相关技术规则

2.1 总经理任务清单

总经理任务清单如附表 13 所示。

附表 13 总经理任务清单

序号	运行期	任务
1	年初	市场开发投资
2	年初	ISO 认证开发投入申请
3	年初	投放促销广告
4	年初	参加订货会，获取订单
5	年初、年中	预算经费申报
6	年中	控制推进日期
7	年中	战略广告投放
8	年中	购买/租用厂房
9	年中	厂房处理
10	年中	产品研发投资
11	年末	商业情报收集
12	年中、年末	填报总经理报表，报表上报

2.2 市场资质研发规则

市场资质研发规则如附表 14 所示。

附表 14 市场资质研发规则

每次(年)投资额(万元)	本地市场研发投资次数	区域市场研发投资次数	国内市场研发投资次数	亚洲市场研发投资次数	国际市场研发投资次数	ISO 9000 研发投资次数	ISO 14000 研发投资次数
20	已完成	已完成	1	1	2	1	1

操作时间：年初

(1) 每年年初阶段进行投资，下年年初阶段完成此次研发；最后一次投资后，下一年资质才能生效。

(2) 每年每个市场/ISO 认证只能进行一次投资。

2.3 产品生产资质研发规则

产品生产资质研发规则如附表 15 所示。

附表 15　产品生产资质研发规则

序号	产品标识	投资期	每期投资额(万元)	每期天数(天)
1	P1	1	10	30
2	P2	2	10	30
3	P3	3	10	30
4	P4	4	10	30
5	P5	6	10	30

操作时间：年中

(1) 以每期投资额投入的日期开始计时，经过"每期天数"之后，完成一期研发。

(2) 每期研发完成后，即：上一期研发到期日的第二天(如到期日是 2 月 28 日，可以开始下一期研发投入的时间是 3 月 1 日)，才能开始下一期投资研发。

(3) 最后一次投资研发到期后，系统自动授予产品生产资质(注：最后一次研发结束日的第二天资质才能生效)。

(4) 只有获得产品资质后才允许生产线开工生产。

(5) 产品生产资质不允许转卖。

2.4 厂房使用规则

厂房使用规则如附表 16 所示。

附表 16　厂房使用规则

序号	厂房标识	生产线容量	购买价格	每年租金	出售账期	租金违约金比例	违约容忍期限	OID 减数1	OID 减数2
1	A	4	300	66	100	0.1	30	0.1	0.1
2	B	4	300	66	100	0.1	30	0.1	0.1
3	C	4	300	66	100	0.1	30	0.1	0.1
4	D	4	300	66	100	0.1	30	0.1	0.1

操作时间：年中

1) 厂房购买

在总经理室可进行厂房购买操作。

2) 厂房租用及退租

(1) 厂房租用以一年为期(租用开始日期至下一年到期日前)，每年需支付租金。

(2) 租金到期前 30 天可进行续租支付，且到期日(含当天)前必须支付下一年租金，否则违约。租金违约容忍期内支付租金的，需支付租金及违约金，并扣减所有市场 OID(OID 减数1)；

过了容忍期仍未支付租金的,系统将强制扣除租金及违约金,并扣减所有市场 OID(OID 减数 1 及减数 2)。

(3) 厂房退租,可通过出售厂房中全部生产线,并单击"厂房退租"。

3) 厂房租转买。

租用厂房后,可以随时进行租转买操作,扣除购买费用,租金不予退还。

4) 厂房买转租

(1) 购买的厂房改为租用,需先支付一年租金,成功后,再出售厂房。

(2) 出售厂房后的回款以购买时的价格计入"应收款",账期为"出售账期"。

2.5 广告和企业知名度规则

广告和企业知名度规则如附表 17 所示。

附表 17 广告和企业知名度规则

广告类型	投放时间	市场	广告效应延迟时间	广告基数	第一年有效权重	第二年有效权重	第三年有效权重
战略	年中	分市场	3 年	投入该市场有效战略广告总和	0.6	0.3	0.1
促销	年初订货会前	分市场	当年有效	该市场的促销广告总和	1	0	0

1. 广告类型

广告分为"战略"和"促销"两类。

(1) "促销"广告只能在"年初"订单申请前进行投放,直接用于本年度企业知名度排名,本年"年中"运行开始后,促销广告不再影响企业知名度排名。

(2) "战略"广告在"年中"可随时投放,但是只在每季度末进行计算,下一季度 1 号显示上一季度最终知名度排名,即:年初显示当前排名,第一季度显示年初排名,第二季度显示第一季度排名。战略广告对知名度有延续 3 年的影响,即投放的广告参与各年(3 年)知名度计算。

这两类广告均为分市场投放,用于本市场提升"企业知名度"排名。

2. 企业知名度计算

企业在某个市场中的知名度与该市场的广告和经营诚信度有关,具体计算公式如下。

某市场企业知名度的量化计算值＝该市场当前 OID 值×(该市场当前年战略广告×第一年有效权重＋上年战略广告×第二年有效权重＋前年战略广告×第三年有效权重)＋该市场当前的促销广告

注:广告和各年有效权重见"广告规则"。

2.6 控制推进日期的操作规则

控制推进日期的操作时间为年中。日期只能向后推进，无法向前推进。例如，当前时间为3月1日，可将日期推进到3月15日，但无法将日期从3月15日推回3月1日。

2.7 总经理报表

总经理应在每年的经营中，按照下列项目填报"总经理统计报表"，填报时，只需填报"金额"栏，并按照各项的"金额项填报说明"，汇总当年发生的金额数据填报。

附表18中的"更新'目标表'的表项说明"说明所填报的项目的金额将更新公司经营报表中的表格及项目。

附表18 总经理报表填报项目

项目	"金额"项填报说明	更新"目标表"的表项说明
广告费	当年战略和促销广告投放总额	"费用表"广告费(第2项)
租金	当年支付的厂房租金	"费用表"租金(第5项)
市场准入投资	当年市场资质投资总额	"费用表"市场准入投资(第6项)
产品研发	当年产品研发资质投资总额	"费用表"产品研发(第7项)
ISO资格投资	当年ISO资质投资总额	"费用表"ISO资格投资(第8项)
信息费	当年购买商业情报的总费用	"费用表"信息费(第9项)
厂房价值	当前已购买的厂房总价值	"资产负债表"土地建筑(第7项)

注：统计报表可以在"年中"和"年末"的任何时间进行填报，每次填报后单击"暂存"按钮保存数据，或者单击"提交"按钮更新经营报表。

第三章 采购总监相关技术规则

3.1 采购总监任务清单

采购总监任务清单如附表19所示。

附表19 采购总监任务清单

序号	运行期	任务
1	年初	参加订货会，获取订单
2	年初、年中	预算经费申报
3	年中	原料市场预定原料
4	年中	原料仓库收货和付款

(续表)

序号	运行期	任务
5	年中	现货交易市场出售原料
6	年中	现货交易市场购买原料
7	年中、年末	填制采购统计表

3.2 原料采购规则

原料采购规则如附表 20 所示。

附表 20 原料采购规则

序号	供应商标识	原料标识	单价	当前数量	质保期(天)	交货期(天)	违约金比例	违约容忍期(天)	OID1	OID2	处理提前期(天)
1	系统供应商	R1	10	2000	100	20	0.2	20	0.1	0.1	30
2	系统供应商	R2	10	2000	100	20	0.2	20	0.1	0.1	30
3	系统供应商	R3	12	2000	100	20	0.2	20	0.1	0.1	30
4	系统供应商	R4	12	2000	100	20	0.2	20	0.1	0.1	30

1. 原料采购市场

(1) 原料市场中，公司可向系统购买原材料。

(2) 市场原材料的数量每季各不相同，以系统当年各季度数据为准。

2. 原料预订及收货

(1) 原料供货需提前预订，预订不需要预付费用；原料订货订单下达之日起，根据附表 20 中的"交货期"确定收货日期。

① 在收货日期当天可以进行收货操作。

② 若当天未完成收货操作，第二日起进入收货违约容忍期(见附表20)，在容忍期间仍可以进行收货操作，但需缴纳违约金(与货款一同缴纳)，同时扣减所有市场的 OID 减数 1。

③ 若超过违约容忍期仍未完成收货，系统将强制取消订单，从财务账户强制扣除违约金，同时扣减所有市场的 OID 减数 1 和 OID 减数 2。

(2) 原料订单取消，则被取消的原料当天补充返回"现货交易市场"的原料订单，且该材料该年的出售单价改为"原料订货大厦"原料价格的两倍，可继续被订货，年末刷新。

(3) 单击"收货"按钮时，系统将从采购总监账户划转资金，支付原料采购费用，同时收货。若采购总监账户资金不足，则收货操作失败。

3. 原料出售与失效

(1) 原料的"质保期"(见附表20)从到货日开始计算,在"失效日期"(含当天)内,原料可以上线生产。原料失效天数在"提前处理期"(见附表20)以上的,可以进行销售。

(2) 原材料"失效日期"过后的第一天,系统强制清除失效原料。

为避免原料采购中恶意占用资源的行为发生,在每次下原料订单时,当订购原材料价值超过企业总价时,无法订购原材料。即当"现金总量"+"当前应收"+"当前贷款剩余额度"+"在产品价值+产成品"×3＜本次订购原料价值+未收货原料价值时,无法进行原料订货。

具体判断方法如下。

(1) 先判断现金,若现金＞本次订购原料价值+未收货原料价值时,则不受限制;若现金＜本次订购原料价值+未收货原料价值时,再接着判断。

(2) 判断"现金+当前应收",若大于"本次订购原料价值+未收货原料价值",则不受限制;若小于,则继续判断。

(3) 判断"现金+当前应收+当前贷款额度",若大于"本次订购原料价值+未收货原料价值",则不受限制;若小于,则继续判断。

(4) 判断"现金+当前应收+当前贷款额度 +(在产品价值+库存价值)×3",若大于"本次订购原料价值+未收货原料价值",则不受限制;若小于,则提示资金风险,无法订购。

3.3 现货交易规则

现货交易规则实例如附表21所示。

附表21 现货交易规则实例

序号	商品标识	当前可售数量	市场出售单价(万元)	市场收购单价(万元)	出售质保期(天)	交货期(天)	年份
1	R1	20	20	5	50	0	1
2	R2	20	20	5	50	0	1
3	R3	20	24	6	50	0	1
4	R4	20	24	6	50	0	1

1. 现货交易

现货市场的交易均为现金现货交易,购买时,按照"市场出售单价"(见附表21)从采购总监现金账户中划转资金。若资金账户不足,则终止交易。

出售时,公司出售给现货市场的原料的失效天数在"处理提前期"(见附表20)之前的,按照"市场收购单价"(见附表21)进行计算。系统自动按照先进先出的原则和处理提前期的原则,提取公司原材料库存,若原材料库存不足,则交易失败。

2. 现货交易市场的原材料数量及价格

现货市场的订单各年均以附表21中列出的数量为基准,有公司购买成功,则减少相应数量；有公司销售成功，则增加相应数量。

3.4 采购总监报表

原料统计表如附表 22 所示。

附表 22 原料统计表

原料	库存原料数量（件数）	库存原料价值（万元）	零售(含拍卖)收入（万元）	零售(含拍卖)成本（万元）	失效和违约价值(万元)
R1					
R2					
R3					
R4					

注：表中的所有数据均按正数填入。

附表 22 中各数据项将用于合成三表，合成方式如下。

(1) 表中各原料"库存原料价值"合计后，记为"资产负债表"的"原材料"项的"期末数"。

(2) 表中各原料(零售收入－零售成本)合计后，记为"利润表"的"营业外收支"项的金额。

(3) 表中各原料的"失效和违约价值"合计后，以负数并入"利润表"的"营业外收支"项的金额。

填报报表时的数据来自各个原料本年的以下数据。

(1) 库存原料数量：当前的库存数量(在当前库存中查询)。

(2) 库存原料价值：当前库存价值的总金额(在当前库存中查询)。

(3) 零售(含拍卖)收入：当年在现货市场卖出原料和在拍卖市场卖出原料的总收入(需要在零售时记录)。

(4) 零售(含拍卖)成本：当年在现货市场卖出和在拍卖市场卖出时出库的总成本(需要在零售时记录)。

(5) 失效和违约价值：当年被强制清除的过期原料价值(需要查询相关消息统计)，以及收货违约产生的违约金和订单取消产生的收货违约金(查询当年的采购订单获得)。

第四章 生产总监操作相关规则

4.1 生产总监任务清单

生产总监任务清单如附表 23 所示。

附表23　生产总监任务清单

序号	运行期	任务
1	年初	参加订货会
2	年初、年中	预算经费申报
3	年中	新建生产线
4	年中	转产/技改生产线
5	年中	出售生产线
6	年中	全线推进(厂房内的所有生产线的状态推进)
7	年中	全线开产(厂房内的所有生产线上线开产)
8	年中、年末	填制生产报表

4.2　生产线规则

生产线规则如附表24~附表27所示。

附表24　生产线参数

序号	生产线标识	安装每期投资	安装期数	每期安装天数	生产期数	每期生产天数	残值	技改期数	每期技改天数	每期技改费用	技改提升比例
1	手工线	50	0	0	2	60	5	1	30	40	0.20
2	自动线	50	3	30	1	90	15	1	10	20	0.20
3	柔性线	50	4	30	1	60	20	1	10	20	0.20

附表25　转产参数

转产期数	每期转产天数	每期转产费用	提取折旧天数	维修费	操作工人总数	初级以上人数	中级以上人数	高级以上人数	技改次数上限	折旧年限
0	0	0	360	5	3	3			2	6
1	10	30	360	15	2		1		1	6
0	0	0	360	20	2			1	1	6

附表26　计件工资参数

工种	初级工	中级工	高级工
计件工资	4	5	6

附表27　工人数量

工种	初级工	中级工	高级工
数量	50	50	30

1. 生产线安装

生产线需经过"安装期数"(见附表24)才可完全建成,每期需要投入时间"每期安装天数",投入资金"每期安装投资"。计算公式如下。

$$生产线建成总价 = 安装期数 \times 每期安装投资$$
$$生产线建成时间 = 安装期数 \times 每期安装天数$$

生产线安装完一期(到期当天或之后),需通过"全线推进"结束本期,开启下一期。当生产线仍有下一安装期时,安装投资将从生产总监资金账户中划拨。若金额不足,则推进失败。

2. 生产线生产

生产线生产有以下先决条件。
- 需拥有该产品生产资质。
- 有充足的原材料。
- 公司内有足够的操作工人。
- 生产总监账户中资金需足够支付工人工资。

满足产品生产条件后,单击"全线开产",开启生产周期。生产时间的计算公式如下。

$$产品生产时间 = 生产期数 \times 每期生产天数$$

若产品生产完成(到期当天或之后),需单击"全线推进",进入下一个生产期或完成生产;否则产品将一直处于"加工中"状态。

每种生产线需要相应的操作工人完成,其中有以下两个重要参数。
- 操作工总数:每类生产线必需的操作工人数。
- 操作工级别:每类生产线要求的最低级别操作工人数。当要求的最低级别人数不够时,可以由高于本级别的工人代替,但相应的计件工资会提高(不同级别的工人计件工资参数见附表26)。

3. 生产线技改及转产

(1) 技改。对安装完成的生产线,通过技术改造减少"每期生产天数",一次技改减少生产天数=当前每期生产天数×技改提升比例。即一次技改后的生产周期变为"原生产周期×(1-技改效率)",取整方式为四舍五入。例如,原生产效率为66天,技改提升效率为0.25,技改一次后的生产效率为66×(1-0.25)=49.5,四舍五入后,结果为50天。

(2) 转产。当生产线变换生产品种时,需进行生产线转产。转产有两个条件:①只能在"停产"状态启动转产操作;②生产总监的资金账户必须有足够支付转产费用的资金。

4. 生产线相关费用计算

(1) 折旧。生产线建成后360天内不计提折旧,之后每年提取一次折旧,提取的时间是:建成第361天计提第一次折旧,第721天计提第二次折旧,依此类推,直到建成后的第七年提取最后一次折旧后,不再进行折旧操作。

提取的折旧额＝(生产线总价值－生产线残值)÷折旧年限

(2) 维修费。建成的生产线按年缴纳维修费,以建成当天开始计算,每年的这一天就是支付维修费的截止日。

5. 生产线残值与出售

当生产线净值≥生产线残值时,需要提折旧;当出售生产线时,只能按照生产线残值出售。

4.3 产品物料清单

产品物料清单如附表 28 所示。

附表 28 产品物料清单

序号	产品标识	R1(件数)	R2(件数)	R3(件数)	R4(件数)	P1(件数)	P2(件数)	P3(件数)	P4(件数)
1	P1	1							
2	P2	1	1						
3	P3			1	2				
4	P4	2			2				
5	P5	1		3	1				

产品物料清单是一个产品构成的所用原料或产品的件数,或者称产品的生产配方。组织生产时,需要按照此配方准备原材料。

4.4 生产预配操作规则

生产预配分为手动预配和自动预配两种。

1. 手动预配

操作规则如下。

(1) 将下次上线生产的原材料从库房配送到指定的生产线。原材料按照先进先出的原则,出库到生产线(原料库存减少)。

(2) 将操作工人指派到指定的生产线。

(3) "生产预配"可以在年初及年中的任意时间进行操作,生产线在停产、生产、技改、转产时均可以进行生产预配。

2. 自动预配

单击"全线开产"按钮,自动预配,并开始生产。操作规则如下。

(1) 生产线原则:按编号顺序依次进行预配。

(2) 材料原则:按先进先出原则。

(3) 操作工人原则:在满足生产要求的情况下按优先低级原则。

4.5 生产总监操作规则

生产总监通过对各厂房进行"全线开产"和"全线推进"两个操作,对厂房中的生产线进行"开产"和"推进"操作。

1. 全线开产

全线开产是对厂房内所有生产线进行生产操作。

2. 全线推进

全线推进是对厂房内所有生产线进程的推进操作,完成操作或开启下一期。操作规则如下。
(1) 投资建线中的"投资期"完成并推进到下一投资期开始(包括最后一期推进完成建线)。
(2) 生产操作的"加工期"完成并推进到下一期开始(包括最后一期加工到期后只有推进才能让产品完工下线)。
(3) 转产操作的"转产期"完成并推进到下一转产期开始(包括最后一期转产到期只有推进后才能结束转产)。
(4) 技改过程的"技改期"完成并推进到下一技改期开始(包括最后一期技改到期后,只有推进才能结束技改)。

当不让生产线进行"全线开产"和"全线推进"操作时,选择"冻结";当让生产线参加"全线开产"和"全线推进"操作时,选择"解冻"。

4.6 生产总监报表

在制品统计报表如附表 29 所示。

附表 29　在制品统计报表

在制品	P1	P2	P3	P4	P5
数量					
价值					

注:产品"在制品价值"合计后并入"资产负债表"的"在制品"项目的年末数。

生产设备统计报表如附表 30 所示。

附表 30　生产设备统计报表

生产线	手工	自动	柔性
总投资			
累计折旧			
在建已投资额			

注:各生产线的"总投资合计−累计折旧合计"(生产线净值)并入"资产负债表"的"机器与设备"项的"期末数"。各生产线的"在建已投资额"合计数并入"资产负债表"的"在建工程"项的"期末数"。

填报时的数据采自生产线本年状态数据,具体如下。

(1) 在制品数量:当前所有生产线正在生产的产品数量(在当前生产线详细资料中查询)。

(2) 在制品价值:当前所有生产线上的在制品总价值(包括原料成本和计件工资),数据来源于当前生产线详情。

(3) 生产线总投资:当前生产线的总价值,即生产线原值总和。

(4) 生产线累计折旧:当前生产线的累计折旧合计。

(5) 在建已投资额:当前在建的生产线已经投入的资金总和,即不管何时开始投建的生产线,只要是当前的状态是在建,则记为"在建已投入资金"。

第五章 销售总监相关技术规则

5.1 销售总监任务清单

销售总监任务清单如附表 31 所示。

附表 31 销售总监任务清单

序号	运行期	任务
1	年初	参加订货会,获取订单
2	年初、年中	预算经费申报
3	年中	产品交货
4	年中	现货交易市场出售产品
5	年中	现货交易市场购买产品
6	年中	临时交易市场获取订单
7	年中、年末	填制库存和产品统计表

5.2 订单相关规则

1. 订货会

订货会是每年年初企业在订货会分市场集中获取订单的过程。

2. 订单状态

当年分配的所有订单,均可在产品仓库订单中查询。每张订单都会标有状态,如附表 32 所示。

附表32　销售订单状态说明

状态	状态印章	状态说明	下一步操作
订单未交货	未完成	正常未交货订单	交货
订单正常交货	完成	正常交货	收应收款
容忍期内未交货的订单	违约未完成	可以交货(计算违约金)	交货
容忍期内交货	违约完成	在容忍期内完成交货	收应收款(扣除违约金)
容忍期后未交货	取消	取消订单并强扣违约金	强扣违约金

3. 订单交货与取消规则

订单交货规则如附表33所示。

附表33　订单交货规则

序号	市场	订单违约金比例	违约容忍期限(天)	OID减数1	OID减数2	临时延期交货时间(天)	临时单价放大倍数
1	本地	0.2	30	0.3	0.1	90	1
2	区域	0.2	30	0.3	0.1	90	1
3	国内	0.2	30	0.3	0.1	90	1
4	亚洲	0.2	30	0.3	0.1	90	1
5	国际	0.2	30	0.3	0.1	90	1

(1) 所有订单必须在订单规定的交货日期前(包括当日)，按照订单规定的数量交货。订单不能拆分交货。

(2) 交货日期后的第一天还未完成交货的订单被标注为"违约未完成"状态，进入容忍期。在容忍期间仍然可以进行交货操作，但系统会计算"违约金"并扣减诚信度 OID1。如果完成交货，违约金将从应收款中扣除。

(3) 容忍期结束日之后，仍未执行交货的订单被派放到临时交易市场。原订单标注为"取消"状态，不能执行交货操作，同时强制扣除违约金和诚信度 OID2。

(4) 容忍期截止日期跨年的订单，可以保留到下一年。下一年完成交货后，计入下一年的销售收入；下一年不能完成的违约订单，将被直接取消，扣减 OID2，但不进入下一年的"临时交易"市场，扣除的违约金计入下一年的报表。

(5) 交货完成的日期是应收账期的起点日期。

5.3　临时交易订单规则

"临时交易"在年中运行期内发生已被分配的订单取消时，重新设定"价格"和"交货期"后在临时交易市场中进行交易的活动。

1. 临时交易的规则

临时交易发生在年中(1—12月)的运行期间，若年初订货会中已分配的订单被其他队伍"违约取消"，则可在订货会的"临时交易"中进行申请分配操作。

2. 临时交易出现的条件

当某公司的订单进入容忍期时，将向所有公司的销售总监发布临时交易市场订单预告，预告信息包括市场名、产品名、产品数量、预计上架日期等。

(1) 当容忍期的订单被取消时，取消当日按市场进入临时交易市场。若该订单为第二次被取消，则不进入临时交易市场。

(2) 如果预告的临时订单在容忍期完成交货，则不再进入临时交易市场。

(3) 订单交货期自原订单取消之日起，按系统设置天数后延。订单产品单价根据市场情况，可能与原订单不同。

(4) 如果临时交易订单直到交货日到期后的第一天仍然还有剩余的产品数量没有被申请，则该订单将被取消，并且不再进入临时交易市场进行交易。

(5) "临时市场"未分配的订单不跨年，即本年结束后，撤销"临时交易"市场中所有未分配的订单。若取消订单容忍期在本年结束后，则不进入临时市场。

3. 临时交易的接取条件

(1) 临时交易分市场进行，需有该市场资质。

(2) 获取临时交易订单的资质要求与订货会的要求一样，除此之外还要求公司本年在该市场中没有违约交货的记录(包括"违约完成"和"取消"的记录)，否则将不能获取本市场的临时交易订单。

(3) 临时交易订单只能被运行在临时订单发生日期之后的公司查看到，运行时间在临时订单发生日期之前的公司将无法看到该订单。

(4) 临时交易订单分配按照操作的系统时间先后顺序进行分配，与企业运行日期和企业知名度排名无关，即按照提交申请的系统时间确定先后。

➢ 如果分配时订单产品剩余数量大于等于申请数量，则全数分配。
➢ 如果分配时订单产品剩余数量小于申请数量，则按剩余数量分配。
➢ 如果分配时订单产品剩余数量为0，则停止分配。

(5) 临时交易订单可以被分割获得，即可以获取订单中的部分产品数量；临时交易订单可以被部分批准，即订单剩余产品数量小于申请数量时，按剩余产品数量分给申请公司(申请公司只能取得部分申请的产品数量)。

(6) 临时交易中多次申请同一张订单成功，若没有交货，则按照单号合并成一张订单，其中产品数量等于多张订单产品数量之和，已交货的订单除外。

(7) 已分配的临时交易订单交货期跨年，可以保留到跨年交货，销售收入计入下一年。

5.4 现货交易规则

现货市场订单实例如附表34所示。

附表 34　现货市场订单实例

序号	商品标识	当前可售数量	市场出售单价（万元）	市场收购单价（万元）	出售质保期（天）	交货期（天）	年份
1	P1	20	100	30	0	0	1
2	P2	20	100	40	0	0	1
3	P3	20	200	50	0	0	1
4	P4	20	200	60	0	0	1

现货交易规则如下。

(1) 现货市场的订单各年均为附表 34 列出的数量。

(2) 现货市场的交易都是现金现货交易，买卖成交后，先从销售岗现金账户中划转资金，再从市场中转移产品。如果账户资金不足，则终止交易。

(3) 现货市场采购产品的价格是附表 34 中的"市场出售单价"，而公司出售产品的单价按照附表 34 中的"市场收购单价"计算。

(4) 公司出售给现货市场的产品成交后，增加当期的现货市场产品的库存量。

5.5　销售总监报表

产品统计表如附表 35 所示。

附表 35　产品统计表

项目	数量	订单收入	违约罚款	销售成本	产品库存数	库存价值
P1					当前的产品库存数量	当前库存产品的价值
P2						
P3						
P4						
P5						

注：表中的"订单收入－违约罚款"按产品并入"产品统计表"的产品"收入"项；"销售成本"按产品并入"产品统计表"的产品"成本"项。

附表 35 中的各项填写规则如下。

(1) 数量：填写当年已交货的订单，可以从当年的产品库存的单据中查询，这些出库包括以下几项。

- ➢ 年初订货会订单交货出库。
- ➢ 现货市场销售出库。
- ➢ 临时交易市场已交货订单。

(2) 订单收入：按照附表 36 所示的算法进行销售收入的计算汇总。

附表36 销售收入计算规则

销售操作	销售总额 (数量×单价)	违约金 (销售总额×违约比例)	销售收入计算
订单按期交货	订单总额	0	订单总额－0
订单违约交货	订单总额	订单总额×违约比例	订单总额×(1－违约比例)
订单违约取消	0	订单总额×违约比例	0－违约金
现货零售	产品出售总价	0	产品出售总价－0

其中：

① 订单总额：通过查询当年已完成的订单直接获取。

② 违约金：通过查询当年已处理(包括完成和取消)订单的"罚金"项直接获取。

③ 现货零售：需要在现货市场卖出产品时，自行记录或从消息中获得。

(3) 销售成本：查询当年已处理的订单中的"转出成本"项直接获取。

(4) 库存数量：直接从库存状态中获取。

(5) 库存价值：直接从库存状态中获取。

第六章 财务总监相关技术规则

6.1 财务总监任务清单

财务总监任务清单如附表37所示。

附表37 财务总监任务清单

序号	运行期	任务
1	年初	参加订货会
2	全年	岗位现金申请审核并拨款
3	全年	资金调配(反向拨款)
4	年中	贷款申请
5	年中	每月支付费用(包括到期贷款和利息)
6	年中	提取应收款
7	年中	应收款贴现
8	年中、年末	填制财务统计报表
9	年末	审核年度报表并上报
10	全年	查询经营详情

6.2 贷款类型及贷款方式

贷款规则说明如附表38所示。

附表 38 贷款规则说明

序号	贷款类型	还款/利息违约容忍期(天)	利息违约金比例	还款违约金比例	本金OID减数1	本金OID减数2	利息OID减数1	利息OID减数2
1	长贷	25/30	0.1	0.1	0.1	0.2	0.1	0.2
2	短贷	25/30	0.1	0.1	0.1	0.2	0.1	0.2

套餐详情如附表 39 所示。

附表 39 套餐详情

套餐名称	贷款期限	每期天数	贷款金额(每份)	利率
2 季短贷	2	90	10	0.05
3 季短贷	3	90	10	0.05
4 季短贷	4	90	10	0.05
2 年长贷	2	360	20	0.1
3 年长贷	3	360	20	0.1

(1) 贷款额度：上年权益×额度计算倍数(上年权益额从上年"资产负债表"提取)。

(2) 贷款类型：可以自由组合，但长短贷额度之和不能超出上年权益的 3 倍。

(3) 贷款申请时间：各年正常经营的任何日期(不包括"年初"和"年末")。

(4) 贷款类型：包括长期借款和短期借款。

> 长期借款：是指企业向银行借入的期限在一年以上(不含一年)的各项借款。企业可在年中任何日期申请长期贷款，每年付息，到期还本。

> 短期借款：是指企业向银行借入的期限在一年以内(含一年)的各项借款。企业可在年中任何日期申请短期贷款，到期一次付息还本。

(5) 贷款是以"套餐"方式提供，套餐中规定了每份套餐的具体参数。例如，2 季短贷套餐，一份 10 万元，使用期为 2 季(90天/季)，贷款利息为年息 5%。申请贷款时，输入申请该套餐的份数，如 10 份，总贷款量即为 10 份×10 万元(套餐金额)＝100 万元。

(6) 贷款/利息的还款规则如下。

> 系统每月 1 日提供本月到期贷款和利息的账单,但不提供具体到期日的信息(可以在"收支明细"查询具体到期日期)。

> 正常还款和还利息可以在贷款到期或利息到期日之前(包括到期日当天)操作,否则将进入容忍期，以及发生违约金和 OID 减数 1。

> 如果当月应还贷款进入容忍期(即违约未还)，则不能进行贷款操作(不论是否还有额度)。

6.3 应收款和应收款贴现

贴现规则说明如附表 40 所示。

附表 40　贴现规则说明

序号	贴现费用率	贴现期(天数)
1	0.05	30
2	0.1	60
3	0.15	90
4	0.2	120

(1) 应收款：是企业应收但未收到的款项。

(2) 应收账期：是从确认应收款之日到约定收款日的期间。

(3) 贴现：是指债权人在应收账期内，贴付一定利息提前取得资金的行为。不同应收账期的贴现利息不同(注：贴现期 30 天的贴现率，是指含 30 天以内的贴现率均为 0.05，60 天为大于 30 且小于等于 60 天的贴现率)。

6.4　应交费用计算和缴纳

费用计算规则如附表 41 所示。

附表 41　费用计算规则

序号	费用类型	算法	计算值(万元)	费用比例	扣减资源	计算时间	是否手工操作
1	管理费	固定常数	5	1	现金	每月 1 日	是
2	维修费	生产线原值×费用比例	计算	0.1	现金	满 360 天	是
3	折旧	(生产线原值－残值)÷折旧年限	计算	1	生产线净值	满 360 天	系统自动扣除
4	所得税	(当年权益－纳税基数)×费用比例	计算	0.2	现金	每年年末	系统自动扣除

每月 1 日，系统按照附表 41 中规定的计算方式，自动计算出本月应交的费用项，分别列示在当月应交费用表内；利息和银行还款也被列在本费用表中一并处理。

费用支付有系统自动扣减和手动支付两种。

(1) 自动扣减项：在当月计算后，系统自动执行支付，如所得税和折旧。

(2) 手动支付项：在本月的任何日期，先手动选择费用项，再单击"支付"按钮执行支付，被选定的费用项全额支付。

如果费用项有指定的到期支付日期(如生产线维修费 16 日为到期日)，则需在到期日之前(包括到期日当日)支付，否则按违约处理。

(1) 本月内到期的费用可以选择提前支付。

(2) 如果某种费用支付截止日前未完成支付操作，则被记为违约费用，需要额外计算违约金(违约金＝费用本金×违约比例)，此时显示的应支付费用即为费用本金＋违约金。

(3) 本月费用没有在 30 前(包括 30 日)支付，将合并到下月费用中。但上月未交费用为违约未交状态，并按照设定的违约金比例计算违约金，违约金将被合并到下月费用中。

(4) 如果容忍期内仍然没有完成支付，则系统将强制扣除违约的费用及违约金，并按照附表 41 中的规则扣减全市场的 OID 减数 1 及 OID 减数 2。

本年 12 月份，将对本年的所有费用进行强制清缴，即：

(1) 12 月份的所有费用的容忍期到期日调整为 12 月 29 日。

(2) 12 月 30 日即对所有未交费用按照强制扣除处理，并按照 OID 减数 1、OID 减数 2 扣减所有市场的 OID。

费用违约规则说明如附表 42 所示。

附表 42　费用违约规则说明

序号	费用明细	是否扣减全部市场 OID	违约金比例	违约容忍期限（天）	OID 减数 1	OID 减数 2
1	管理费	是	1	30	0.1	0.1
2	所得税	否	0	30	0	0
3	折旧	否	0	30	0	0
4	维修费	是	0.2	30	0.1	0.1
5	基本工资	否	0	30	0	0
6	员工福利	否	0	30	0	0

6.5　财务总监报表

财务总监统计报表如附表 43 所示。

附表 43　财务总监统计报表

资金项目	金额	目标表表项
管理费		"费用表"管理费(第 1 项)
设备维修费		"费用表"设备维修费(第 2 项)
转产及技改		"费用表"转产及技改(第 3 项)
基本工资	金额为 0	"费用表"基本工资(第 10 项)
培训费	金额为 0	"费用表"培训费(第 11 项)
*财务费用		"利润表"财务费用(＋)(第 9 项)
本年折旧		"利润表"折旧(＋)(第 5 项)
其他支出合计		"利润表"销售(－)(第 9 项)
现金余额		"资产负债表"现金(第 1 项)
应收款		"资产负债表"应收款(第 2 项)
应付款		"资产负债表"应付款(第 14 项)
长期贷款余额		"资产负债表"长期贷款(第 12 项)
短期贷款余额		"资产负债表"短期贷款(第 13 项)
股东资本		"资产负债表"股东资本(第 17 项)
所得税		"利润表"所得税(第 11 项)

注：表中所有数据均按正数填写。

附表 43 中各项填写规则如下。

(1) 管理费、设备维修费、转产及技改：是全年支付费用的总和。

(2) 基本工资、培训费：是人力资源支出的操作工人的费用，每月 1 日在系统账单中列支，可以通过现金支出查询全年总和。

(3) 财务费用：财务费用特指本年的贷款利息、利息违约金、还贷本金违约金和贴现息四项之和。

(4) 折旧：本年提取的生产线折旧合计，数据来源于本年消息通知有哪条生产线发生过折旧，然后查询生产线类型，计算折旧额。

(5) 其他支出合计：包括维修费违约金、管理费违约金、代工收货违约金、税款违约金、租金违约金、处理财产损失(财产损失是出售生产线的资产损失，资产损失＝生产线价值－累计折旧－残值)。

(6) 所得税：此项需要根据本年的权益合计计算是否需要缴税而定。操作方法如下。

① 若当年税前利润为负(≤0)，则当年为不盈利，不用缴税。

② 若当年税前利润为正(＞0)，则当年为盈利。

$$所得税＝应税金额 \times 税率$$

$$应税金额＝当年税前利润－以前年度亏损$$

注：以上规则最终解释权归裁判组所有。

附件：市场预测图

市场预测图如附图 1 所示。

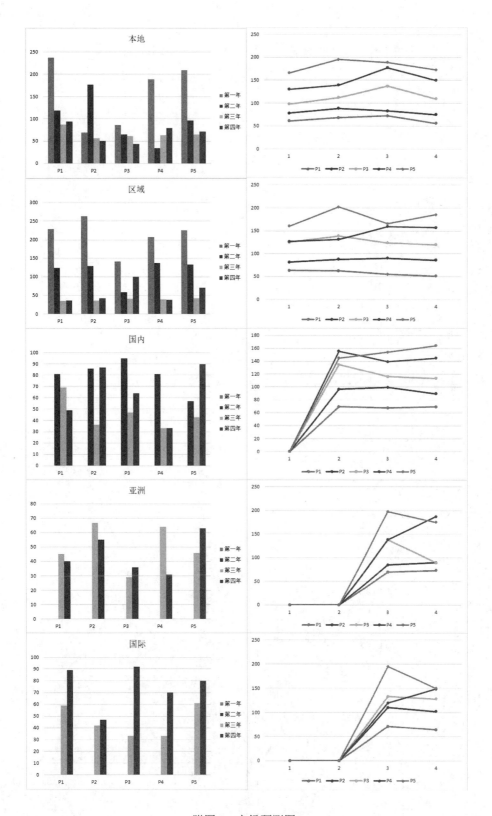

附图1 市场预测图